LA FACE CACHÉE
DE LA NÉGOCIATION

Psychologie des relations difficiles

Éditions d'Organisation
1, rue Thénard
75240 Paris Cedex 05
Consultez notre site :
www.editions-organisation.com

Marc Vandecappelle

LA FACE CACHÉE
DE LA NÉGOCIATION

Psychologie des relations difficiles

Préface de Maurice A. Bercoff

**Éditions
d'Organisation**

Sommaire

Préface

Voici donc, enfin, la face cachée de la négociation. Celle où se nouent et se dénouent les jeux psychologiques, manœuvres et autres stratagèmes qui font inévitablement partie de la relation interpersonnelle s'installant dès que l'on entreprend de négocier quelque chose avec quelqu'un.

Peu d'ouvrages, parmi les nombreuses parutions traitant de la négociation, abordent sa dimension relationnelle. L'équipe de spécialistes de *Négociateurs Associés* s'est attelée à la tâche et a entrepris d'explorer les multiples dimensions de la négociation : après la méthode (*L'Art de négocier*, ou « l'approche Harvard en 10 questions », paru en mai 2004) où le « relationnel » est abordé de façon pratique, c'est un véritable parcours d'approfondissement qui est proposé ici au lecteur désireux de domestiquer cette dimension.

Chacun de nous a connu ou ressenti, parfois douloureusement, les nombreux pièges que recèle la relation interpersonnelle avec son interlocuteur : Qui n'a pas été surpris par une manœuvre, un bluff ou une intimidation ? Qui n'a pas réagi – souvent de façon polémique – à une agression alors que l'intention était généreuse, confiante ? Est-ce la relation avec l'autre qui façonne nos comportements ou l'inverse ? Comment cette relation devient-elle toxique ? S'est-on senti otage des émotions, des siennes ou de celles de l'autre ?

Ces questions, parmi d'autres, nous taraudent pendant et après l'échange. Fort heureusement, car cela s'avère très salutaire : en « déroulant le film », on s'observe dans l'action, et la réflexion qui s'ensuit est le gage d'un apprentissage réussi.

Cet ouvrage propose au négociateur un parcours qui l'amènera à cette réflexion, après avoir franchi les deux étapes qui la précèdent : d'abord la réflexion anticipée – on n'insistera jamais assez sur la nécessaire préparation préalable – puis la réflexion « dans l'action », qui suppose que l'on s'exerce à « prendre de la hauteur » pour écouter, observer, comprendre, en évitant toute réactivité. Le but de ce parcours d'entraînement est de travailler sur la relation elle-même, pour que chacun puisse « réinventer son art de négocier ».

Psychologue et formateur de profession, Marc Vandecappelle observe la négociation à travers le prisme qui est le sien. Sans prétendre faire du lecteur un spécialiste de la relation, il fait là un apport substantiel à la consolidation des compétences du négociateur, tout en affranchissant le lecteur des catégorisations – souvent artificielles – à la mode.

L'itinéraire qu'il propose n'est pas habituel : d'entrée, le lecteur se voit offrir une série de situations difficiles – tirées de la vie de tous les jours – ainsi que de nombreuses métaphores. Ce matériau constitue le socle du parcours d'apprentissage, pour lequel il est demandé au lecteur de se prêter au jeu. Puis interviennent les explications des tensions et des mécanismes psychologiques qui s'installent et interagissent : la connaissance de ces phénomènes complexes, intuitivement perçus par tout un chacun, donne un éclairage nouveau sur les ressources dont nous disposons pour nous « défendre » contre tout type de violence ou d'agression lors du processus de négociation. En fin de parcours, quelques pistes sont suggérées, quelques exemples sont donnés qui fournissent autant d'illustrations pour montrer comment chacun peut – s'il le veut – trouver ses repères lorsqu'il affronte une situation ou des interlocuteurs difficiles.

S'il veut donc conduire la négociation à l'issue souhaitée, le négociateur doit procéder tel un musicien : après avoir travaillé sa partition (*déchiffrer et s'imprégner du contexte, ce qui correspond à la préparation méthodique et structurée*) il devra « faire ses gammes » pour perfectionner son jeu (*ce qui équivaut à améliorer sa capacité à influencer la relation*) afin de pouvoir donner sa meilleure interprétation (*ce qui correspond à la mise en œuvre de sa stratégie).*

Aucune boîte à outils ne saurait suffire : apprivoiser la relation nécessite d'apprendre à se décentrer de son propre point de vue, et à faire de même pour le jeu des autres acteurs. Seule une pratique « intelligente », c'est-à-dire marquée par l'observation et la réflexion – *a priori* comme *a posteriori* – peut conduire le négociateur à maîtriser l'interaction des volontés. Le but ultime du négociateur n'est pas d'annihiler la volonté de l'autre : « gagner » à son détriment ne contribue pas à préserver l'avenir. C'est plutôt de l'amener à changer sa perception de la situation, de façon à ce qu'il trouve un intérêt à demeurer dans la négociation. Pour cela, il importe que la relation ne devienne pas toxique. Ce n'est qu'à cette condition que le négociateur avisé pourra travailler sur la composante « stratégique », c'est-à-dire sur les *potentialités de la situation et les moyens de la faire évoluer.* Là, nous touchons à une autre dimension de la négociation, pour laquelle nous recommandons au lecteur de s'immerger dans les récents écrits sur Sun-Tzu[1], en attendant la suite de nos publications

Maurice A. Bercoff

---

1. *Comprendre et appliquer Sun-Tzu*, Pierre Fayard, Dunod/ Polia, 2004

Introduction

Observons cet automobiliste à l'arrêt devant le passage piéton. Il s'attend à l'échange de gestes courtois de circonstance avec l'individu qu'il a laissé passer. Ce rite peut devenir menace en cas d'indifférence du piéton. Le moteur vrombit, le regard de l'automobiliste se charge d'hostilité. Si son interprétation est : « Ce prétentieux refuse mon "cadeau", il estime ne rien me devoir, l'ingrat… Il nie mon mérite, il refuse de me rendre la politesse. On voit bien que c'est un… Il va bien voir ! » Le comportement rageur persistera un petit moment.

Ce changement du tout au tout de l'humeur et du comportement en l'espace de quelques secondes est surprenant. Imprévisible, ce revirement subit d'une authentique courtoisie à une tout aussi authentique agressivité ne peut être mis sur le compte d'une personnalité versatile ou d'une quelconque tactique.

Explicable *a posteriori*, il n'en est pas moins difficilement contrôlable, sur-le-champ.

De tels comportements éruptifs nous sont connus.

Leurs conséquences sont fâcheuses quand ils surviennent chez l'un ou l'autre des partenaires d'une négociation, dans le feu de l'action, alors que toutes les facultés devraient être disponibles. Il faudrait pouvoir rencontrer, écouter, analyser, mesurer, anticiper, confronter, affirmer, contredire, avoir de l'endurance, risquer, oser, avoir des nerfs et peut-être du recul ou de l'humour, et… tout s'embrouille. Nous préférerions remettre l'échéance, ne pas compromettre nos bonnes relations, laisser la confrontation à d'autres…

Cet ouvrage est destiné à tous ceux qui veulent défendre leurs inté-rêts par la négociation, sans entrer dans l'escalade de la violence ou sortir de l'enlisement des situations. Il apporte des solutions à l'épreuve de la réalité. Le processus en jeu dans notre exemple se retrouve dans toutes les occurrences de la vie sociale, jusqu'aux plus anodines. Prenez quelqu'un qui baille. Si nous l'observons ou discutons avec lui, nous nous prenons à bailler à notre tour. Ce pro-cessus d'imitation bien involontaire est aussi à l'œuvre dans l'esca-lade de la violence, *via* la rivalité mimétique. Nous apprendrons à repérer des déclencheurs de violence et à nous en garder. Si tant est que nous le désirions.

Ce livre a l'ambition de contribuer au développement de compéten-ces et de l'identité de quiconque, dans un cadre privé ou profession-nel, veut négocier.

Négocier requiert un système de compétences[1] qui transcende les rapports humains.

Il prépare à des situations de conflit qui ont parfois sur la personne une influence inattendue, capable de compromettre la réalisation de ses objectifs.

Une compétence ne s'enseigne pas. Elle est le fruit d'une ou plu-sieurs expériences depuis longtemps assimilées et qui font souvent surgir, inconsciemment, à point nommé, des ressources et des talents insoupçonnés.

Être négociateur

Le négociateur se fragilise en redoutant les critiques et en escomptant des signes de reconnaissance qui indiquent l'intimité de la relation.

---

1. Une compétence est un processus finalisé de construction de liens entre des savoirs. Elle est le fruit d'une perception globale, devenue intuitive. Il ne s'agit pas d'une séquence d'analyse, de calcul, de combinaison, comme pour le savoir.

À plus forte raison, au cours d'une négociation, quand cette intimité se crée, quand des liens amicaux se nouent.

La construction d'une identité de négociateur forte et positive ne fait pas bon ménage avec l'implication personnelle.

Il ne manque pas de bons ouvrages sur la négociation. Certains excellent dans les méthodes, ils offrent des boîtes à outils indispensables pour préparer une négociation (identifier les besoins, les enjeux, les objectifs, les alternatives, les zones d'accord, les issues), pour gérer la relation et ses aléas (s'accorder aux caractères et aux manœuvres de l'autre) et pour rechercher les situations gagnant-gagnant.

D'autres empruntent la forme romanesque, tel *Saint-Germain ou la négociation* de Francis Walder[1] par exemple, qui nous fait vivre et ressentir ce qu'une approche didactique ne peut que nous décrire et nous expliquer.

Les professionnels de la formation – dont je suis – ont depuis longtemps associé les études de cas et les jeux de rôle à l'exposé des méthodes et matrices pour maîtriser l'art de négocier. Le livre offre, d'une autre manière que le séminaire de formation, des occasions de mise en situation, de confrontation et de mise en commun de ressources.

Un livre, quand il n'est pas de fiction, a du mal à faire vivre la part irrationnelle des échanges interpersonnels.

Le livre qui se mêle de « communication » comporte souvent deux défauts. D'une part, il échappe rarement au *happy end*, d'autre part, à force de vouloir s'ériger en science et vouloir être pris au sérieux, il risque de faire oublier qu'une négociation, c'est d'abord une rencontre.

Les typologies qui foisonnent, ne représentent-elles pas une défense, une carapace ? Ne sclérosent-elles pas la pratique en omettant que l'art de négocier consiste aussi à devoir se réinventer ?

---

1. Gallimard, 1958.

Le livre didactique a du mal à éviter le don juanisme, la séduction et… l'abandon dès que s'efface l'illusion, comme le résume bien l'ouvrage de Maud Mannoni, *La Théorie comme fiction*.[1]

La carte de l'ouvrage

Quatorze récits de situations difficiles sont présentés.

Au cours des chapitres, le lecteur y sera renvoyé. Il pourra réaliser que sa lecture des mêmes récits change, à chaque reprise. C'est dans ce changement qu'il éprouvera qu'il est en train d'apprendre. Notre démarche s'articule autour de trois étapes.

1. Au cours de la première, il s'agit pour le lecteur de se cogner aux murs qui barrent l'accomplissement de ce qu'il veut de la relation à l'autre, qui l'empêchent d'échapper à l'autre, qui lui rappellent qu'il faut en passer par l'autre pour signifier, réaliser ou obtenir quelque chose. De quoi se constitue ce principe de réalité ? Est-ce qu'on peut choisir les gens avec lesquels on veut vivre ou pas ? Quelles sont les règles de ce jeu de société qu'est la vie ? Quelles sont les conséquences de nos comportements ?

Une série de récits inaugure le livre. Le lecteur est invité à entrer et à séjourner dans chacun d'entre eux. Il observera ce qu'ils lui inspirent. Quelles impressions, quelles réflexions, quelles envies lui suggèrent-ils ? (chapitre I)

2. L'enfant livré aux vagues, lors de ses premières découvertes de la mer, est tantôt caressé tantôt fouetté par elles. Plaisir et désagrément sont le fruit du hasard. Apprendre à nager consiste pour l'enfant à ajuster sa morphologie et ses mouvements aux caractéristiques de l'eau. Pour ce faire, il va devoir réaliser la nature de ce qui le lie à l'eau. Aucun des deux n'est responsable du principe d'Archimède. Quand il prend conscience de ça, la mer cesse d'être une ennemie et

---

1. Le Seuil, 1979.

il ne croit plus que sa gentillesse va amadouer les vagues. Nager va lui fournir l'une des meilleures relations qu'il peut avoir avec l'eau.

Le lecteur veut lui aussi apprendre à s'adapter aux courants relationnels. Il sera invité à faire des gammes et des exercices qui le mettront à l'épreuve des éléments (chapitres IV & V). La suggestion de parades pour composer avec ceux-ci et éviter les pièges de la relation (chapitre VI), la présentation de grilles de lecture de situations le familiariseront aux faces cachées de la négociation (chapitres II & III).

Comme le corps du nageur, qui par approximations successives, trouve les mouvements qui conviennent, le lecteur ayant travaillé ses relations intra et interpersonnelles (l'exercice du chapitre VI) appréciera l'aisance et le bénéfice qu'il tire de la confrontation de ses intérêts à ceux des autres.

3. Quand l'activité est devenue naturelle, la conscience réduit le contrôle qu'elle exerçait et peut soit se tourner vers autre chose, soit revenir sur l'activité en cours et l'observer avec recul et humour, en spectatrice. Sur ce point, il nous faut suivre l'aphorisme confucéen : « Si tu épouses les métamorphoses de la réalité, tu n'es plus soumis à aucune contrainte. » « Le bon nageur oublie l'eau. » (Tchouang-tseu).

Dans l'apprentissage, vient un moment où se produit un basculement, où aux mouvements coordonnés et contrôlés par la conscience se substitue une synthèse spontanée. De la perspicacité, de la créativité et des forces que nous ne nous connaissions pas entrent en action. Nous sommes passés de l'apprentissage explicite à l'apprentissage implicite (la personne n'est pas à même de dire, très précisément, ce qu'elle a appris, cependant l'action est là).

À la fin du livre, pour chacun des récits, le lecteur trouvera des versions de décryptage (qu'est-ce qui peut bien se jouer dans ces situations ? quelle analyse psychologique peut éclairer les positions de l'un et de l'autre ?) et des pistes de recadrage (chapitre VII).

Chapitre I

Des situations difficiles

Voici des récits qui mettent en scène des personnages dans des situations de négociation.

Nous invitons le lecteur à se jeter dans le bain, à réagir, crayon en main, à noter sur le vif les impressions, les réflexions et les actions qu'inspirent ces récits.

Ceux-ci seront présentés à nouveau à la fin de l'ouvrage, précédés de clés de lecture, de méthodes et d'hypothèses. Le lecteur sera attentif à la variation et à la stabilité de certaines de ses perceptions.

Il sera également intéressant, pour lui, de partager et d'échanger ses impressions de lecture.

Récit n° 1. Ça entre par une oreille...

Le visage est large, la barbe courte, la voix est grave et il en joue. Ce sont des gargarismes qui lui tiennent lieu d'inflexions pendant qu'il penche la tête très en avant en ajoutant un argument qui devrait conclure une démonstration définitive.

Le regard est immobile, impassible à l'annonce d'informations nouvelles qui ne lui sont pas favorables. Certaines contredisent ses dires et prouvent leur inexactitude.

Il hoche légèrement la tête. « Hum... Hum... », barytonne-t-il, un léger sourire en coin. Il expire un air qui siffle du plus profond de ses fosses nasales, reprend son souffle comme après une trop longue apnée.

« Ouais... », fait-il en clignant lentement des paupières, pendant que les sourcils se lèvent et le front se plisse. « Vous devez comprendre... » dit-il sur le ton du professeur qui s'impose la patience avec un cancre.

Et le voilà qui entonne un couplet connu, imbu de sa supériorité, alors que moi j'hésite entre le rire et la colère. Mais enfin, il ment, c'est tellement évident ! Tant de gens l'ont entendu, il y a peu, tenir des propos contraires à ceux d'aujourd'hui ! Quel culot... J'en ai le souffle coupé. Et dire qu'il y a des gens pour lui confier un mandat !

Je crois rêver, je l'entends me dire : « Vous et moi recherchons la même chose. » Après un silence que je me sens incapable de rompre, il ajoute : « Non ? »

Quels sont vos sentiments à la lecture de ce récit ?

Comment analysez-vous ce qui s'est passé entre ces deux personnes ?

Comment auriez-vous réagi face à un tel interlocuteur ?

Récit n° 2. La star

Il sourit. Largement, longuement, imperturbablement. Au début, ça met à l'aise. Sa mise est soignée, recherchée, tout a l'air de répondre à une intention précise, calculée. Vais-je être à la hauteur ? Pas seulement à propos de l'objet de notre négociation, mais de son déroulement ?

Il arrive comme on entre en scène, pour être la vedette. Je me dois d'être tout à la fois le faire-valoir et le public. Et pas n'importe lequel : un public à même de saisir la profondeur, l'intelligence et le brio de son discours.

Il scande son argumentation, ou plutôt son homélie. Les phrases s'enchaînent selon une mécanique que rien ni personne n'aurait de légitimité à interrompre. L'inspiration semble venir d'un ailleurs où le commun des mortels n'a pas accès. Il faudrait presque le remercier de daigner vulgariser de telles fulgurances. Le contenu de son allocution est de plus en plus allusif en même temps que le sourire est triomphant et le regard appuyé.

Je m'excuserais si je trouvais les mots. Mais je ne sais plus parler, je suis vide. Je voudrais disparaître. Il n'y a rien à dire. La punition d'ailleurs ne tarde pas. Je souris d'un air contrit.

« Je ne vois pas l'utilité d'ouvrir un débat à ce sujet. Il est bien plus important que nous puissions compter sur, sinon votre accord, du moins sur votre discrétion au sujet des télécommunications. »

Rouge de rage, je cherche mon souffle et m'entends dire péniblement, à voix basse : « Mais, vous n'y pensez pas... » Mais déjà, il me rattrape : « Ne vous en faites pas, je peux vous aider à vous justifier devant vos patrons, j'ai de quoi les convaincre, croyez-moi ! » Et il sourit largement.

© Éditions d'Organisation

Quels sont vos sentiments à la lecture de ce récit ?

Comment analysez-vous ce qui s'est passé entre ces deux personnes ?

Comment auriez-vous réagi face à un tel interlocuteur ?

Récit n° 3. Manipulation

Il a l'air de s'amuser. En toute simplicité, malgré son statut, il rit, le regard complice. Quand il fait mine de m'apercevoir, il se réajuste, passe la main dans ses cheveux, qu'il porte longs. On croirait un spot publicitaire. Il m'explique qu'« Il faut savoir rire, de temps en temps. » Il m'assène plusieurs vérités bien senties : « N'est-ce pas le propre de l'homme ? » « Rien n'est plus sérieux que le rire », qu'il ponctue d'un « Vous aimez rire ? » Je m'entends répondre un dérisoire « Oui, bien sûr. » Mais il a ouvert, sans attendre, son épais dossier à une page marquée d'un signet numéroté. « Ah, oui ! » se dit-il à haute voix, en prenant la pose du premier de la classe, déjà prêt mais qui a la gentillesse d'attendre ceux qui n'ont pas toutes ses qualités.

Il joint les mains, les coudes sur la table. « Nous n'allons pas, vu l'importance sociale et humaine de la question, nous livrer à des manœuvres de marchands de tapis, avec tout le respect que j'ai pour les commerçants. D'accord ? » Il sourit et hoche la tête, comme s'il poursuivait silencieusement un échange avec moi. Nous voilà déjà d'accord alors que je n'ai soufflé mot.

Je me demande, inquiet, si j'aurai mon mot à dire avec ce monsieur qui doit bien consentir, au moins provisoirement, à m'accepter dans la cour des grands. Sa parfaite connaissance du dossier m'impressionne, je la croyais réservée à de rares spécialistes, parmi lesquels l'on me compte notoirement. Et j'escomptais bien bénéficier de ce que je croyais être un avantage. Par-dessus le marché, il se réclame de l'appui inconditionnel d'alliés de poids...

Brusquement, il change de braquet et, articulant comme le ferait un professeur de diction doublé d'un prédicateur, il met à mal une de mes positions, en contestant la qualité de mes sources et en persiflant mes procédés. Je conteste et raille sa manœuvre que je qualifie de « grossière ».

Subitement, c'en est fini de l'accent policé et de la posture conciliante de mon interlocuteur. Son accent populaire rompt la digue du maniérisme. Il me lance : « Salaud, tu me le payeras ! » Se détournant de moi, à la recherche d'un hypothétique public et d'un arbitre suprême acquis à sa juste cause, il s'exclame : « C'est pas vrai, non mais qu'est-ce qu'il faut pas entendre de la part de ces... Tous des menteurs ! »

Pâle, le visage s'est allongé, il se racle la gorge et, solennel, il annonce, détachant chaque mot : « Vous avez voulu la guerre, vous l'aurez ! »

Quels sont vos sentiments à la lecture de ce récit ?

Comment analysez-vous ce qui s'est passé entre ces deux personnes ?

Comment auriez-vous réagi face à un tel interlocuteur ?

Récit n° 4. Seul contre tous

Mon interlocuteur est installé dans son siège, le tronc raide, la tête rivée aux épaules ; ses yeux, grossis par les verres de ses lunettes, semblent guetter inlassablement l'arrivée de quelqu'un. Le débit est lent, presque détaché, le ton las et cependant, posé. Il rend des comptes qui ne regardent personne. « Je suis tout à fait serein, absolument serein... »

Les mâchoires sont serrées, de temps à autre apparaît la rangée inférieure des dents, et l'on voit l'homme respirer.

Sa grandiloquence le pousse à faire de chacune de ses phrases une formule, digne d'être gravée dans le marbre. Les interventions de son interlocuteur ne font que nourrir son amour-propre. Il avait bien raison : « que pèse un quarteron de demi-solde intellectuel » qui voudrait s'opposer à la posture historique qu'il a prise, non en suivant ses intérêts, mais par devoir ? L'interlocuteur se voit donc interdit de réplique, il encourt une condamnation pour crime de lèse-majesté... L'homme semble s'être protégé de toute adversité.

Et pourtant, ce sont parfois des paroles amicales qu'on voudrait lui dire !

« C'est dans la solitude que l'on reconnaît ses amis », se dit-il à lui-même. Je cherche les mots qui conviendraient et ne les trouve pas. Je l'entends dire, théâtral : « Savez-vous d'où je tire ma force ? (...) On ne m'a jamais aimé. »[1]

Quels sont vos sentiments à la lecture de ce récit ?

---

1. Harold Pinter, *No man's land,* Gallimard, 1979.

Comment analysez-vous ce qui s'est passé entre ces deux personnes ?

Comment auriez-vous réagi face à un tel interlocuteur ?

Récit n° 5. S'écouter... parler !

Le contact s'est établi avant même que ne se posent les rituelles questions d'usage. Nous pouvons entrer dans le vif du sujet, en toute confiance, et même en complète harmonie. Du sérieux, de l'humour, des mots simples et justes. Nous sommes bien d'accord sur ce que nous attendons l'un de l'autre.

Après avoir ouvert la partie, mon vis-à-vis écarte d'emblée des positions généralement prises par ses homologues. Il s'en explique, me démontre le mérite de cette différence. J'en conviens.

Cela ne suffit pas. Insatisfait de son entrée en matière, il m'informe d'un contexte que je ne dois pas connaître, ce qui ajoute à la valeur de son discernement. Mais il sait, bien entendu, rester modeste : il est comme ça ! Il ne pourrait pas faire autrement. « D'ailleurs, me confie-t-il, déjà lorsque... Et bien que... Mais il n'en avait cure... Sans qu'on l'en avertisse... Il avait naïvement et tout bonnement... Il fallait imaginer la tête de ceux qui... Eh bien, pour rien au monde il ne changerait, même si cela devait lui en coûter... »

Il soliloque et mon attention s'émousse. Je me suis mis en pilotage automatique : « Oui, oui, bien sûr... » Je m'ennuie. À force de me mettre en retrait de la conversation, elle va bien finir par s'épuiser toute seule. Un silence pesant s'abattra sur nous, silence dont je serai à ses yeux responsable. Il me faut trouver des sujets assez riches pour montrer ma bonne volonté. Pas fier de ma relance, je me résous à m'exclamer : « Vous en avez de l'expérience ! »

Quels sont vos sentiments à la lecture de ce récit ?

Comment analysez-vous ce qui s'est passé entre ces deux personnes ?

Comment auriez-vous réagi face à un tel interlocuteur ?

Récit n° 6. C'est moi qui décide !

La barbe est hirsute, et le style soixante-huitard. Croirait-on que le titre de ce haut fonctionnaire est prestigieux ? Le ton est familier, presque intime. Cet ancien copain de fac n'a pas changé malgré le vaste bureau lambrissé et l'importance de ses charges et responsabilités. Le téléphone sonne sans arrêt. Communications révérencieuses mais fermes, dont il me rend complice par des grimaces d'étudiant, au cours desquelles je saisis des noms de ministres et de capitaines d'industrie.

Il s'excuse du peu de temps qu'il peut consacrer au plaisir de nos retrouvailles. « Une prochaine fois, à coup sûr, on ne manquera pas d'associer d'anciennes connaissances. Qu'est-ce qu'on a pu s'amuser ! Tu te souviens, quelle équipe ! » Cependant, il faut que soit réglée sans retard l'affaire qui nous réunit aujourd'hui. Sur la lancée, je ne discute pas. La description qu'il fait du contexte dans lequel nous nous rencontrons – dans des rôles inédits l'un pour l'autre – est documentée et brillamment analysée. Mon interlocuteur y apparaît au mieux de ses talents : perspicace, moderne et fin stratège. Le débit, très rapide, souligne l'intelligence du propos et donne du crédit à ses récits qui le décrivent habile pour abattre ses concurrents, se concilier des alliés, gagner des appuis et moucher velléitaires et falots.

Je n'ai pas tout compris, mais toute question serait incongrue : le moment est aux applaudissements. Ses projets se veulent ambitieux et notre collaboration, déjà clairement dessinée, ne peut être, affirme-t-il, « qu'une situation gagnant-gagnant ». Mon dos se rabat contre le dossier de mon siège, je sens la menace.

Je porte la main à la bouche et glisse entre mes doigts : « Intéressant, intéressant. »

Quels sont vos sentiments à la lecture de ce récit ?

Comment analysez-vous ce qui s'est passé entre ces deux personnes ?

Comment auriez-vous réagi face à un tel interlocuteur ?

Récit n° 7. Bataille rangée

Pour toute culture, elle a celle de son entreprise. Elle dit bonjour avec un commentaire météorologique, la tête détournée de son interlocuteur à qui, pourtant, elle tend la main, au bout d'un bras tendu, inflexible. C'est tout juste si l'on ne doit pas quémander la poignée de main.

Les jugements sont connus, ils doivent pourtant être répétés, comme les contes ou les prières, immuables. Tout ce qui ne va pas est répertorié et le planning est tenu à jour, sans faille.

La séance de travail, ce matin, a un ordre du jour sans surprise : un contrat qui demande à être renégocié. L'intervention de mon interlocutrice prend la forme de griefs, d'admonestations, de mises en garde et de menaces de rupture au cas où les amendements seraient inacceptables.

Tout est dit sans regard ni pause. Elle possède des arguments, à moins que ce ne soient les arguments qui la possèdent. Tout cela prend la forme d'un procès d'intention.

Avant que je puisse dire quelque chose, elle répète qu'ils ne se laisseront pas faire, qu'ils ont les moyens de se débrouiller sans nous et qu'elle n'est pas prête à être abusée par un beau parleur.

J'ai du mal à me recentrer sur mes objectifs. Je ne suis quand même pas obligé de me laisser traiter ainsi ! Passer sous les fourches caudines, je ne suis pas payé pour ça. Pour le peu de reconnaissance que je tirerais de ma victoire sur ce cerbère ! Mes mandants se moquent bien de tout ça !

« Ils sont nombreux les fournisseurs qui seraient tout heureux de travailler avec nous, quelle référence pour eux ! Ils ne se montreraient pas gourmands, eux. » Ses mots sont menaçants, cependant que le regard est espiègle. Et cela me donne l'envie d'en découdre.

Quels sont vos sentiments à la lecture de ce récit ?

Comment analysez-vous ce qui s'est passé entre ces deux personnes ?

Comment auriez-vous réagi face à un tel interlocuteur ?

Récit n° 8. Complexe d'infériorité

On se trouve un peu gêné de découvrir en son adversaire une personnalité sympathique. D'autant plus gêné que l'on ne peut s'empêcher de juger légitimes les intérêts qu'il défend.

Il est libre, voilà ce qui caractérise ce représentant du personnel. Ce n'est pas le style apparatchik qui débite des versets.

Ses positions sont non seulement claires et réfléchies mais elles sont également inattendues et, à première vue, inattaquables.

Je ne m'y attendais pas. Voici venir, pour moi, le moment de faire part de notre position. Je me dis qu'elle n'a pas grand-chose à voir avec la sienne. Il a une telle vision du devenir de notre secteur économique et de l'évolution de nos métiers ! C'est le comble, quelle leçon !

J'éprouve la lourdeur de notre propre organisation : sa culture, ses tabous, ses allégeances, cette autosuffisance, ces mépris ! Comme cela nous ferait du bien d'écouter ! Trop tard, je dois aller au bout de ma négociation, au bout de ma mission, avec une marge de manœuvre réduite en miettes...

Quels sont vos sentiments à la lecture de ce récit ?

Comment analysez-vous ce qui s'est passé entre ces deux personnes ?

Comment auriez-vous réagi face à un tel interlocuteur ?

Récit n° 9. Vous avez dit psychorigide ?

Il a les manières d'un présentateur de journal télévisé.

Tout a l'air d'être écrit d'avance, selon un découpage précis, minuté. Des titres accrocheurs inaugurent chaque sujet, suivent des expressions consacrées, un vocabulaire spécialisé, ponctué, lorsqu'il s'agit d'un anglicisme, par un froncement de sourcil, suivi d'un bref silence et d'un regard appuyé.

Puis un large sourire signe le travail, remercie des compliments et soigne l'audimat.

Comme l'enfant qui, pour un bon mot, s'attend à l'émerveillement de ses parents, il se trouve dépité quand une question survient. En guise de réponse jaillit une accusation de mauvaise foi ou une interprétation aux allures psychologiques.

Il semble ne pas pouvoir se remettre en cause. Ses positions sont prises et cadenassées. Elles résultent d'une délibération intime, au cours de laquelle les intérêts de chacun ont été pesés avec équité.

On doit lui faire confiance, il est honnête.

Discuter, marchander, tout cela manque d'élégance, il n'a l'habitude ni de mendier ni de faire la charité.

La voix, maintenant, a pris un ton institutionnel et arrogant : « Notre nouvelle politique veut que, dorénavant, nous ne traitions plus qu'avec les grands comptes, hors sur ce plan... »

Je sens mes tempes battre, je dois foncer, je ne maîtrise plus mes propos...

Quels sont vos sentiments à la lecture de ce récit ?

Comment analysez-vous ce qui s'est passé entre ces deux personnes ?

Comment auriez-vous réagi face à un tel interlocuteur ?

Récit n° 10. La virago

Elle a rangé la diplomatie, la sympathie et le charme dans les investissements à fonds perdus. La domination, débarrassée des oripeaux de la courtoisie, c'est sa manière de fonctionner. Un discret et fugace dodelinement signe le plaisir de ses victoires.

Elle ne renonce à aucune muflerie pour avancer, encore et toujours. Elle n'a besoin ni de témoins ni de jury ni d'admirateurs. Seuls ses adversaires lui sont indispensables.

Conséquence ou non, son entourage est principalement composé de valets anonymes.

Son entreprise nous a livré un important complexe industriel, d'une nouvelle génération technologique. Le contrat prévoit une formation de nos opérateurs par ses installateurs. Mais au moment de la signature, personne n'avait estimé que la période de formation et de mise en route serait aussi longue.

Le but de ma démarche est d'obtenir une prolongation de l'assistance technique.

Elle m'interpelle du fond de la pièce où elle siège derrière un bureau massif, alors que je suis encore sur le seuil à vérifier si je suis à la bonne porte : « Vous n'avez même pas été capable de faire vos calculs et c'est nous qui devrions payer vos erreurs ? ». Puis, s'adressant à une personne imaginaire : « Il y en a je vous jure... »

Quels sont vos sentiments à la lecture de ce récit ?

Comment analysez-vous ce qui s'est passé entre ces deux personnes ?

Comment auriez-vous réagi face à un tel interlocuteur ?

Récit n° 11. L'arrogance incarnée

Pour le directeur de cette entreprise parapublique, les fournisseurs sont suspects, les clients ingrats, les concurrents déloyaux, le personnel incompétent, sa famille incapable de se débrouiller sans lui.

Il ne sourit que d'amertume.

S'attribuer des mérites et dénoncer des incuries occupe l'essentiel de ses conversations avec ceux qui, par prudence ou par crainte, réduisent leurs contacts avec lui au minimum.

Il parle fort, interrompt, n'écoute pas. Par-dessus le marché, il n'est pas le dernier à commettre des erreurs.

Il est de ceux dont on aime se plaindre en leur absence. Autour de lui, c'est à qui a été victime de la plus grande injustice. Les résultats de l'entreprise s'avèrent incontestablement médiocres. Au sein de ses services, c'est un despote. À l'extérieur, son impudence irrite.

Cependant rien ne se passe.

Rien pour corriger ce qui met en péril l'activité : quid du devoir de résultat pour les bailleurs de fonds publics, du respect des partenaires et du personnel ? Mais il est intouchable et, par là même, inquiétant. Protections politiques ? Inertie des pouvoirs décisionnaires ? Enjeux dérisoires ? Enjeux secrets ? Façade institutionnelle ?

L'aliénation le dispute à l'absurdité.

Fournisseur de l'entreprise, je me trouve dans l'embarras. Le marché nous a été attribué, au terme d'un appel d'offres, et cela nous a demandé de sérieux investissements.

En cours d'exécution, sont intervenues les difficultés classiques inhérentes à l'interprétation de clauses du cahier des charges. Mais lui en a fait immédiatement un casus belli et, fort d'un droit qu'il s'attribue, a bloqué le paiement de factures intermédiaires.

Je suis coincé entre ma conviction d'avoir raison, les problèmes de trésorerie, l'intérêt de ce marché qui contribuerait au développement de mon entreprise et de son image, le côté hasardeux d'une procédure judiciaire et la conviction émoussée qu'il devrait tout de même être possible de s'entendre entre personnes raisonnables. J'ai été averti de la personnalité de mon client.

Arrivé à l'heure du rendez-vous, je suis introduit dans une salle de réunion par une secrétaire qui me prévient que « Monsieur n'a pas encore déjeuné » et me plante là. J'entends des va-et-vient et des conciliabules.

Enfin, avec une heure de retard, le directeur entre, suivi, selon un protocole désuet, de la chef de projet et de deux collaborateurs qui resteront muets tout au long de la réunion. Celle-ci sera brève.

© Éditions d'Organisation

Sans me regarder, il inaugure la rencontre : « Je connais le bureau à qui vous avez confié l'étude du simulateur, leur incompétence notoire a été sanctionnée à juste titre, il est sur le point d'être mis en faillite. Si vous voulez limiter les frais, soyez réalistes et rangez-vous à mes conditions. Vous êtes une petite entreprise, vous n'avez pas le choix. »

Quels sont vos sentiments à la lecture de ce récit ?

Comment analysez-vous ce qui s'est passé entre ces deux personnes ?

Comment auriez-vous réagi face à un tel interlocuteur ?

Récit n° 12. Un comportement exemplaire ?

Son élégance n'était pas si naturelle que ça. Ses paroles et son sourire étaient simples, sa voix douce et son ton calme. Il riait de bon cœur. La conversation coulait agréablement, nourrie par une vaste culture. Il savait agrémenter et illustrer, par des analogies historiques ou littéraires, des propos professionnels qui auraient pu être austères.

Ses connaissances encyclopédiques pouvaient mettre mal à l'aise. Le cas échéant, il hochait la tête d'un air contrit.

Il était naturel pour lui de corriger l'autre avec patience, pour une mauvaise syntaxe, un mot imprécis ou erroné. Certains en étaient mortifiés, mais n'était-ce pas de sa part aimable d'agir ainsi ?

Directeur général, il travaillait beaucoup à l'amélioration de son entreprise. Inlassablement, il veillait, depuis son arrivée voilà trois ans, à changer le point de vue de ses collaborateurs et à les débarrasser d'archaïsmes coûteux.

Il savait trouver les ressources pour tracer la voie à suivre.

Courtois, il savait écouter. Il ne cherchait pas la popularité. La séduction et la démagogie ne figuraient pas dans son répertoire.

Les règles de fonctionnement qu'il préconisait étaient en complète rupture avec le passé et avec la culture de cette entreprise d'ingénieurs et de syndicalistes. L'homme avait du courage et le goût du risque. À la façon d'un sportif, c'était un battant.

La délégation, l'innovation n'étaient pour lui pas que des mots, ils s'incarnaient au quotidien. En théorie, tous les managers faisaient chorus. Dans la pratique, les choses étaient un tantinet plus troubles : la volonté affichée de changement semblait contrariée par un conservatisme de fait. Lorsqu'on leur pointait ce décalage, les cadres confiaient que « l'exemple venait d'en haut ». Et d'épingler des anecdotes qui révélaient le visage le moins reluisant du directeur : tel un monarque, il agissait selon son bon plaisir, court-circuitant de la hiérarchie et s'exonérant du respect des règles dûment prescrites.

Directeur des ressources humaines, vous représentez un levier important du changement organisationnel et culturel de l'entreprise.

Vous ne provenez pas du sérail, vous avez été recruté par un cabinet, votre expérience est grande.

Participer activement à ce grand chantier socioculturel représente à vos yeux un magnifique défi.

Quelques expériences récentes vous apprennent que vous ne disposez pas de toutes les cartes utiles pour mener à bien vos missions. Les marges de manœuvre que vous laisse votre patron sont tantôt imprécises, tantôt inconnues, tantôt changeantes...

Des collègues et des délégués syndicaux vous l'ont déjà fait comprendre, à demi-mot...

Quels sont vos sentiments à la lecture de ce récit ?

Comment analysez-vous ce qui s'est passé entre ces deux personnes ?

Comment auriez-vous réagi face à un tel interlocuteur ?

Récit n° 13. Grosse angoisse

Le présent l'inquiète, si proche, à la lisière du futur. Et hier n'a rien préparé de bon.

Les événements lui semblent survenir, désordonnés, fruits de la négligence morale de « gens » qui ont failli à leur responsabilité.

Elle dénonce des fautes, ne propose rien de constructif. Elle me reproche de ne pas être de ceux, défunts ou lointains, qui eux, au moins, auraient trouvé la solution au problème qui nous occupe.

Me voilà néanmoins réquisitionné pour la réparation des dommages.

Mes attitudes conciliantes sont esquivées comme s'il s'agissait d'une invitation suspecte à l'intimité. À moins qu'elle ne craigne la compromission. Telle proposition est assimilée à une aide qui offense ses capacités, telle concession offerte se voit repoussée au nom de l'équité. Ou peut-être craint-elle qu'on lui réclame quelque compensation disproportionnée en retour ?

© Éditions d'Organisation

Le partenaire à part entière que j'estime être a du mal à le rester. La relation est hiérarchique ou n'est pas, il n'y a de place ni pour les questions ni pour les échanges d'informations et de ressources.

Cependant, au bout d'un moment, apaisée, elle parvient à considérer plus sereinement la situation. Elle revient sur l'ineptie des mesures qu'elle a évoquées il y a un instant, en me reprochant toutefois d'en être l'inspirateur.

Je reprends mes esprits, suggère des pistes, questionne et propose des options. Las ! C'était méconnaître son impitoyable machine à broyer du noir : pour elle, il est trop tard, jamais les choses ne s'arrangeront plus. Coupable et responsable, voilà à quoi j'en suis réduit. Pénitent, j'espère un moment la rémission en me mettant sans retard ni réserve au travail.

Une noyée, affolée, s'agrippe à moi, m'enchaîne et m'entraîne vers le fond...

Plongé dans mes papiers, je l'entends dire : « Vous n'allez quand même pas me dire que ce n'était pas à vous de prévoir tout ça ! » Je mesure, fatigué, l'inanité de toute tentative de communication.

Quels sont vos sentiments à la lecture de ce récit ?

Comment analysez-vous ce qui s'est passé entre ces deux personnes ?

Comment auriez-vous réagi face à un tel interlocuteur ?

Récit n° 14. Hors de tout contrôle...

J'ai pour habitude d'obtenir seul tout ce que je veux. Me retrouver dans une situation de dépendance, quelle humiliation !

Ce matin, je dois négocier un contrat. Mon interlocuteur est un besogneux qui prend son rôle très au sérieux. En face de lui, j'adopte une attitude hautaine, mais néanmoins souriante et attentive. Seulement, je suis bien loin de « dire non avec la tête mais [...] oui avec le cœur... » (Prévert). C'est tout l'inverse.

C'est que mon adversaire s'évertue à défendre un mauvais texte. Il le récite comme un comédien amateur, il l'émaille d'inflexions de voix convenues, d'accents toniques scolaires, de fins de phrases à bout de souffle, de regards qui se veulent éloquents, de mouvements des sourcils et de la bouche inappropriés. Encore quelques minutes à tenir, ensuite ce sera à son tour d'écouter. En attendant, je me contiens, mais mon seuil de tolérance est bientôt franchi : tout semble médiocre, ça ne tient pas debout, chaque mot est ridicule.

Je sens une mauvaise foi disproportionnée monter en moi. Je me retrouve dans la peau de cet instituteur dont, écolier, je subissais, impuissant, les sarcasmes sadiques.

Voilà que subitement je me surprends à apostropher sans ambages mon interlocuteur. Mes mots tombent drus, d'abord persifleurs, puis leur débit s'accélère, ils tonnent, venant d'on ne sait où. Je perds le contrôle de mon vocabulaire. Spectateur autant qu'acteur, je ne suis plus maître d'un comportement qui me procure à la fois jubilation, soulagement, omnipotence et gêne. Rétorsion et vengeance ne sont adaptées ni à la situation, ni à la personne à qui je m'adresse. Cependant, quelque chose en moi n'a pas envie de s'arrêter, il me faut lâcher tout le paquet. Que cela soulage !

La logique argumentaire est niée, tout autant que la véracité des faits et même la fidélité à mes opinions et à mes attitudes habituelles. Un droit nouveau m'est octroyé : être le plus fort... Je triomphe. Devant un public absent.

J'aurais bien envie maintenant d'arrêter ce cinéma mais j'appréhende la suite, le vide, la contenance à adopter, la réaction de l'autre, la honte. Me remettre à table comme si ce délire n'avait pas eu lieu ? Alors, sans conviction, je poursuis mon coup de gueule imbécile. Comment me justifier, neutraliser, banaliser l'incident, tout reprendre à zéro ?

Il ne sera plus jamais possible de s'entendre.

De toutes les façons, l'autre n'a que ce qu'il mérite. Et moi ?

Quels sont vos sentiments à la lecture de ce récit ?

Comment analysez-vous ce qui s'est passé entre ces deux personnes ?

Comment auriez-vous réagi face à un tel interlocuteur ?

Chapitre II

Le théâtre des échanges

Un petit système social

La négociation est un îlot, un petit système social.

L'engagement conjoint des acteurs y est un état fragile, instable qui se régule à chaque instant par l'articulation des mouvements du corps, de la parole et du regard.

Une combinaison de facteurs modèle les comportements et les actions des négociateurs.

Des influences socioculturelles

Les modèles qui fondent nos façons de comprendre la réalité, de nous comporter et de justifier nos intérêts sont multiples. Cela a beau être une évidence, le négociateur doit les connaître pour pouvoir les dépasser.

Ce pluralisme s'exprime selon les règles et les références de sept « mondes »[1] qui donnent une cohérence aux transactions humaines. Chacun de ces mondes dispose d'un système de valeurs spécifique.

© Éditions d'Organisation

---

1. Voir Luc Boltanski et Laurent Thévenot, *De la justification*, Gallimard, 1981, ainsi que Luc Boltanski et Eve Chiapello *Le Nouvel Esprit du capitalisme*, Gallimard, 1999.

Le monde industriel

Les individus valorisés sont ceux qui dominent les règles fonction-
nelles soumises au principe supérieur de l'utilité.

Fiabilité, efficacité, productivité, qualification, les signes de la performance donnent de l'importance, dans ce monde, à ceux qui peuvent en attester.

Le monde de l'inspiration

Y sont reconnus ceux qui sont habités par la grâce et le dédain pour
l'argent, la gloire, le civisme ou l'utilité.

L'instabilité, l'irrationalité, l'imaginaire, les affects, l'insolite, les
passions et le risque accordent le permis de séjour dans ce monde.

Le monde de l'opinion

C'est la renommée de quelqu'un qui fait sa grandeur. On valorise
avant tout l'opinion des autres, la célébrité et le pouvoir étant des
attributs indispensables à posséder.

Le monde civique

En son sein, il faut subordonner l'intérêt individuel à la volonté de
tous. Ainsi l'aptitude à représenter un groupe, à se faire porte-parole et
à défendre l'intérêt général rendent digne d'être membre de ce monde.

Le monde des réseaux

C'est l'appartenance à des réseaux de qualité, en grand nombre et
sans cesse mis à jour, qui est valorisé.

Nouer des relations utiles, à la fois nombreuses et de qualité, mais
jamais exclusives, savoir évoluer sans cadre prédéfini, contribuer
aux compétences collectives, manier les compromis et partager ses
informations : voilà bien les aptitudes qui caractérisent les nomades
de ce monde.

Le monde domestique

Les valeurs de loyauté, de fidélité, de révérence dans la maisonnée font loi.

Affabilité, déférence, bonne éducation selon les usages et les convenances conféreront la discrétion exigée dans ce monde.

Le monde marchand

Une personne s'y évalue à l'aune des biens rares et convoités qu'elle aura su amasser.

Posséder ce que les autres envient, vendre ce qui est convoité, se détacher du lot, faire des profits, être un gagnant : telles sont les actions qui rendent estimable dans ce monde.

L'univers de référence des deux négociateurs diffère souvent et cette distinction est parfois source de conflit d'intérêts.

Ainsi, en situation de négociation, identifier et comprendre le monde de référence de son interlocuteur fournit un cadre permettant :

- d'analyser les relations d'accord et de discorde. Les conflits susceptibles de se produire seront ainsi mieux compris ;

- de fonder un accord dans des situations de litige. Les interlocuteurs auront ainsi conscience d'opérer une médiation entre mondes qui se confrontent ou se complètent.

Il est clair, par exemple, qu'un membre du monde industriel est prédisposé à entrer en conflit avec un membre d'un monde civique à propos du coût de la politique sociale. En revanche, ils pourront trouver des compromis sur les impératifs de sécurité au travail et sur la nécessité de services publics efficaces.

Nous fournirons plus loin quelques moyens pour imaginer des médiations entre les mondes.

Des influences environnementales

La négociation intervient dans un contexte, déterminé par une histoire, balisé et traversé par des facteurs légaux, politiques, économiques, sociaux et technologiques. Elle n'est pas une résolution de problèmes, ainsi que peut l'être un système d'équations aux multiples inconnues, pas plus qu'elle n'est l'application d'un théorème géométrique.

Au cours du processus de négociation, vont changer non seulement les termes de la proposition de départ, mais aussi certains éléments de l'environnement. L'issue d'une négociation redéfinit les liens de dépendance entre les négociateurs.

L'écologie de l'action, chère à Edgar Morin[1], s'illustre dans la négociation : l'action des protagonistes dépend non seulement de leurs intentions mais aussi des conditions propres au milieu et au moment où elle se déroule. Ses effets à long terme sont imprédictibles.

Des influences situationnelles

La négociation est une relation volontaire fondée sur une dépendance réciproque. Quand le négociateur exerce une pression pour obtenir un avantage, il court le risque de modifier la relation primitivement instaurée pour résoudre un conflit d'intérêts et, par là, de compromettre la possibilité de gains mutuels.

Le pouvoir d'un négociateur, c'est-à-dire sa faculté à conduire son interlocuteur vers des résultats qui ne profitent pas aux deux parties, influence inévitablement la situation. Le pouvoir est un système, il inclut tout un chacun. Nul ne peut s'en dégager. Qu'un négociateur le perde, et cela ne profite pas nécessairement à son interlocuteur.

Il dépend largement de ses attributions, c'est-à-dire de la confiance de ses mandataires. Les marges de manœuvre des mandants font

---

1. Voir *La Méthode*, vol. 5, *L'humanité de l'humanité : l'Identité humaine*, Seuil 2003.

l'objet de tests répétés entre négociateurs. Ceux-ci ne vont pas sans agacer les intéressés qui peuvent y répondre par des bravades, des feintes ou des (fausses) confidences.

L'autorité du négociateur se mesure en partie à l'importance de sa marge de manœuvre. Il bénéficiera, si elle est grande, d'une plus grande flexibilité et sera moins inhibé par la perspective de devoir rendre des comptes à ceux qu'il représente.

On se souviendra que la négociation commence, en amont, par celle des marges de manœuvre laissées au représentant.

Des prédispositions comportementales

Le négociateur peut être surpris par le tour que prennent les échanges et se trouver aux prises avec des pressions inattendues, diverses et divergentes. Ces surprises viennent le plus souvent de ses prédispositions comportementales et de ses intentions.

Or, prédispositions et intentions sont fragiles : l'on se voulait coopératif et l'on se retrouve à devoir être compétitif ; l'empathie spontanée est remplacée dans l'urgence par la force et l'insensibilité ; l'excitation et le risque ont soudain damé le pion à la prudence que demandait la situation.

Tentons d'éclaircir ce qui ne tient pas à une fatalité et ne nous condamne pas à être spectateurs de nous-mêmes.

Un négociateur qui se veut sensible aux aspects interpersonnels, par exemple, va s'intéresser aux comportements de son interlocuteur et y répondre. Les premiers moments de la rencontre lui auront permis de calibrer les comportements préférés de l'autre. Toutefois, en se centrant ainsi sur l'harmonisation de la relation, ce négociateur peut occulter que les inclinations personnelles ne sont pas les seuls paramètres d'une négociation. Les objectifs professionnels de l'interlocuteur peuvent interférer, de même que l'univers social dans lequel se déroule la conversation. Le négociateur sera alors enclin à interpréter un revirement de comportement chez son interlocuteur d'un point de vue psychologique. Il pourra trouver urgent et légitime de durcir son attitude, en complète inadéquation avec les exigences de la situation.

Tel autre négociateur, essentiellement centré sur la maximisation de ses intérêts personnels, sera insensible aux aspects interpersonnels. Il comprendra les comportements de son interlocuteur comme des manifestations de son pouvoir de mandant et méconnaîtra ce qui se passe ici et maintenant.

Des stratégies d'influence

Tout négociateur se doit de découvrir les intentions, les préférences et les perceptions de son interlocuteur. Parallèlement, il adopte une posture et fournit des informations sur ses propres intentions, préférences et perceptions qui ne manqueront pas d'inspirer la stratégie de son vis-à-vis.

Les premiers signes que l'on dévoile sont déterminants pour le cours de la négociation, dans la mesure où ils instaurent les règles et la tonalité des échanges (la confiance ou la dureté).

Propositions et contre-propositions successives prendront tantôt l'air d'offres, tantôt l'air de menaces, de concessions ou de contrats mais bien souvent elles serviront à prendre la mesure des intérêts des parties.

La manière dont s'exprime votre interlocuteur reflète des stratégies d'influence diverses.

Nous vous proposons ci-dessous plusieurs exemples assortis de leur traduction simultanée.

« Vous et moi recherchons la même chose. » (Ne m'embêtez pas avec vos intérêts particuliers.)

« Nous regretterions d'avoir à changer de fournisseur... » (Gare à vous si vous persistez dans vos exigences.)

« Nous savons, grâce à nos filiales, que... Ce ne sera connu par les entreprises concernées que le mois prochain, lors de la publication de... » (Vos exigences n'ont pas d'avenir.)

© Éditions d'Organisation

« Profitez-en, nous avions précisément l'intention de vous proposer... Pour peu que vous... » (Il est encore temps de reconsidérer vos exigences.)

« Notre nouvelle politique veut que nous ne traitions plus qu'avec des clients qui ont au moins... » (Faites-vous oublier, vous êtes dans la cour des grands.)

« Soyons clairs, nous n'avons aucune raison de renoncer à travailler avec vous. » (Pourquoi voulez-vous changer notre rapport de force ?)

« La veille technologique de notre direction R&D nous certifie que les composants de votre produit seront interdits sous peu par la commission. » (Vos exigences sont désormais obsolètes.)

« Vous n'allez quand même pas me dire que vous ne pouvez pas... » (Montrez-moi que vous avez réellement du pouvoir.)

Vous découvrirez les intentions réelles de votre interlocuteur en vous montrant attentif à la fréquence et à l'intensité des promesses ou des menaces que recèle sa manière de s'exprimer ainsi qu'au moment où elles sont formulées. Le prendre au mot et lui répondre « littéralement » tiendrait d'une naïveté imprudente.

Des compétences de chacun des négociateurs

De la préparation de la négociation à sa conclusion, diverses compétences sont nécessaires et inégalement distribuées d'un négociateur à l'autre. Leur efficacité dépend des circonstances et du type de négociation.

Citons les caractéristiques généralement observées chez les négociateurs performants : niveau d'exigence élevé, sagesse, goût de l'aventure, promptitude à réagir, résistance à la pression, endurance, réserve, autonomie, attention à l'autre, empathie, adaptabilité, persévérance, créativité, sang-froid.

Plus spécifiquement, reprenons les compétences évoquées dans ce paragraphe consacré au théâtre des échanges :

- capacité à identifier les facteurs environnementaux et situationnels ;
- capacité à identifier le monde de référence dans lequel se situe l'interlocuteur ;

- capacité à fixer les points de rupture ainsi que ceux, présumés, de l'interlocuteur ;
- capacité à identifier les facteurs affectant le pouvoir détenu par chacune des parties ;
- conscience de son propre comportement et de ce qu'il signifie pour l'interlocuteur ;
- conscience du comportement de l'interlocuteur et de ce qu'il représente pour soi ;
- large éventail d'aptitudes relationnelles ;
- flexibilité de mouvements au cours des propositions et des contre-propositions ;
- capacité à identifier l'interaction de facteurs qui influence les comportements et le résultat.

Attardons-nous, en particulier, sur les comportements.

Il est impossible de ne pas communiquer

Les joueurs de poker savent combien il est indispensable et difficile de ne rien montrer de leur jeu et parallèlement d'en savoir le plus possible sur celui de leurs adversaires. Ils savent que le moindre cillement peut trahir leur secret.

Les premières parties serviront à apprendre, au gré des échanges, à étalonner la grammaire gestuelle de l'autre et à savoir jusqu'au sens des gestes les plus bénins : le mouvement des mains qui rangent les cartes, le clignement des paupières ou le scintillement des yeux, le pincement des lèvres, l'angle de redressement du menton, etc.

Chaque joueur se sait tout autant observé et évalué.

Les négociateurs, eux aussi, font attention à la fois à leurs manœuvres respectives et au langage des corps.

L'exemple ci-dessous montre que les signes observés ne prendront leur sens que mis en perspective, dans un contexte précis.

Au cours d'une négociation qui s'annonce « musclée », je suis attentif au contenu.

J'enregistre également la façon dont nous communiquons. « Tiens, tiens, me dis-je, mon interlocuteur, jusqu'ici les yeux rivés sur ses documents, n'osant un regard dans ma direction que de temps à autre, s'avance vivement vers la table et scande ses mots, l'index pointé vers le haut. Il semble vouloir me corriger ainsi que le ferait un instituteur avec l'élève indiscipliné. » (Il attente à l'idée que je m'étais faite de notre relation : cf. page 52, « Mais pour qui il me prend ? »)

Je me surprends à croiser et décroiser les jambes ; je ne trouve pas une bonne position. Cette agitation dérisoire me prend de plus en plus de temps et d'énergie.

Voilà que mon adversaire hausse le ton, que les phrases se font longues, les parenthèses multiples et le vocabulaire recherché : bref, il s'adresse à un public absent (situation du type « Mais pour qui il se prend ? »).

Moi, jusque-là, j'étais calé dans le fond de mon siège. Et me voilà subitement les coudes sur la table, prêt à bondir. Sitôt après, j'interromps mon vis-à-vis.

Je m'étais pourtant dit que j'écouterais calmement ce qu'il a à me dire...

Je le prie de rectifier un propos qu'il me prête, mais il se lève et m'intime l'ordre de me souvenir à qui je parle. Je me sens à court, la bouche sèche (je me dis : « Mais il se croit où, lui ? »). Je hausse les épaules et souffle bruyamment. Resté debout, il tourne maintenant autour de la table et se décerne des éloges avec outrance tout en dénonçant l'injustice dont il a toujours été l'objet. Je ne comprends pas ces propos, nous avons cessé de nous regarder, les mots ont pris une liberté totale, ils décident seuls du vrai et du faux (on en arrive à la situation du type « Mais il est fou ! »).

Ces signes instinctifs m'alertent et m'avertissent qu'il se passe quelque chose qui mérite analyse... avant de poursuivre la partie. Je ne les ai pas pris en compte.

Énumérons ces signes :

• signaux du haut du corps : transpiration, gorge serrée, bouche sèche, tension dans le cou ou le dos, maux de tête, toux brève et sèche, difficulté à respirer ;

- signaux du bas du corps : tapotement du pied, balancement de la jambe, jambes qui se croisent et se décroisent ;

- signaux de posture du corps : hochement de la tête, mouvement du corps en avant ou en arrière, tronc rigide, tête enfoncée dans les épaules ;

- gestes des bras : bras croisés, ouverts, derrière le dos ;

- gestes des mains : poings serrés, mains jointes, main portée à la tête, doigts qui tapotent sur la table, main qui ponctue ou qui gratte, ongles rongés ;

- expressions faciales : sourcils froncés, visage crispé, mâchoires serrées, front plissé, yeux fuyants, inclinaison du menton ;

- manières de parler ou paralangage : l'accentuation, le débit des paroles, l'intonation, la construction des phrases. Nous développons ce point un peu plus loin ;

- cohérence ou non entre le paralangage, le langage du corps et le contenu de la communication : quand des messages contradictoires sont perçus, on sera plus attentif aux signaux physiques et notamment au bas du corps, moins contrôlable. En effet, sous stress, le système nerveux stimule l'hypothalamus, ce qui entraîne des réactions physiologiques ;

Mon interlocuteur me regarde parler, hoche la tête, murmure son accord en même temps que son tronc s'affaisse, ses doigts pianotent mollement sur la table, il se racle la gorge, passe la main sur la bouche, se gratte le sommet de la tête. Ces signaux contradictoires évoquent en moi la duperie. À plusieurs reprises, je me surprends à dire (sans attendre la réponse) : « Vous comprenez ? » J'ai la bouche sèche. L'autre ne me semble pas crédible. S'installe l'impression désagréable qu'il ne me croit pas ;

- distances, positions, orientations du corps que les interlocuteurs adoptent – au gré des échanges et selon la culture.

Un discours structuré selon trois registres : réflexion, émotion, action

La manière de communiquer informe où l'interlocuteur investit son énergie et comment il attend que les échanges se passent. Illustrons ceci par l'exemple, considérons trois interventions :

- « Je ne comprends pas ce que vous dites. » ;
- « J'ai envie de bien vous comprendre. » ;
- « Venez-en au fait, dites-moi ce que vous voulez ! »

Dans la première séquence, un complément d'information, une autre formulation ou un exemple sera le bienvenu. Nous sommes dans le registre de la réflexion.

Il n'est pas certain que ce scénario apportera l'harmonie relationnelle suggérée dans la deuxième séquence. « J'apprécie votre attention » sera plus opportun. Ici, c'est le registre de l'émotion.

Une explication complémentaire ou une attention plus soutenue a peu de chance de calmer l'impatience du troisième interlocuteur : il sera préférable de traiter clairement la situation que vous voulez modifier, supprimer, construire ou maintenir. Voilà le registre de l'action.

Dans sa manière de communiquer, la personne donne le mode d'emploi pour la comprendre et dialoguer avec elle. En prime, elle nous livre, à son insu, la grille de lecture des objections et résistances qu'elle ne manquera pas, ultérieurement, de manifester. Voyons cette trichotomie de plus près.

L'être humain se caractérise par ce qu'il fait, ce qu'il pense ou ce qu'il éprouve.

Le lavage de cerveau

Les Vietcongs avaient bien compris cela pour torturer leurs prisonniers. Ils enfermaient certains d'entre eux, individuellement, dans une cage exiguë en sous-sol et les privaient de tout contact.

La fonction de la cage était d'empêcher les mouvements du corps, d'atteindre au niveau zéro de l'action.

Le sous-sol et l'isolement privaient le prisonnier de sources d'informations essentielles : « Où suis-je ? Depuis quand ? » (la perception du temps s'altère dès lors que manquent les points de repère donnés par les lever et coucher du soleil), « Pour combien de temps ? Pourquoi ? » (aucune question ne lui a été posée et il ne détient, à vrai dire, aucun secret).

Privée de ses matières premières, la réflexion s'éteint.

Restent les émotions : la peur, la colère, la tristesse... qui assurent le lien, même spéculatif, avec le reste du monde. Avoir peur mobilise contre le délitement identitaire, être en colère inspire un mouvement contre l'environnement, être triste fait rechercher des liens... Quand plus rien ne reste, les émotions sont les dernières attaches avec notre nature d'animal social.

Privé d'action, de réflexion et d'émotion, le disque dur s'efface... Le prisonnier, ou ce qu'il en reste, est désormais sans résistance, semblable à un zombi.

Fonctions des registres

Cette pratique funeste illustre, *a contrario*, les trois registres dans lequel l'être humain peut investir son énergie :

Le registre de la structuration (la réflexion)

Il est utilisé pour :
- la prise d'information ;
- l'identification, l'analyse, la catégorisation de l'information ;
- l'intégration des informations, en tenant compte du contexte ;
- l'encodage en mémoire pour assurer la rétention et la récupération ultérieure de l'information ;
- la communication de l'information.

Dans ce registre, l'essentiel est dans l'échange d'informations. Émotions et actions en sont absentes. Il s'agit de disposer d'un cadre, de l'analyser : où, quand, comment, pourquoi, avec qui, avec quoi… « Que voulez-vous dire quand vous dites… ? » « Je ne comprends pas. Pouvez-vous m'aider à comprendre ? ». On observe dans ce registre des questions ouvertes et sincères (celles dont on n'a pas la réponse et sur lesquelles l'interlocuteur a une visibilité sur l'usage que nous ferons de sa réponse).

Le registre de la reconnaissance (l'émotion)

Il est utilisé pour :

- l'expression et l'échange des émotions ;
- l'identification des émotions ;
- l'intégration des émotions ;
- La socialisation de leurs expressions ;
- l'accueil et l'écoute des émotions de l'autre.

Dans ce registre, nous voulons que nos émotions soient écoutées et reconnues. Point n'est besoin, ici, d'informations, d'explications, de raisonnements. Il n'est pas bienvenu d'envisager une action, de conseiller une initiative. C'est l'empathie, cette capacité de se mettre à la place de l'autre, qui est souhaitée. La congruence, c'est-à-dire l'authenticité de l'écoute et l'acceptation de la personne telle qu'elle est, constitue une valeur ajoutée.

Le registre de la stimulation (l'action)

Il est utilisé pour :

- la mise en œuvre de l'action ;
- le déclenchement de l'action ;
- la constitution de défis ;
- la confrontation au comportement contestable ;
- la directivité.

Distinguons la stimulation qui résulte d'une réaction à une situation ou à un comportement de celle qui est fournie par une directive ou un ordre.

Dans le premier cas, la manifestation est spontanée. C'est l'effet que nous ressentons : tristesse, colère, peur, dégoût qui s'exprime sans blâme ni malveillance ni reproche. Sans allusion ni message caché ou sous-entendu, ce registre est celui qui vient du fond de nous-mêmes, par interjections et onomatopées ; il est brut, pas encore raffiné dans des phrases construites.

Dans le second cas, l'impératif présent, libre de colère et de menace, dit clairement ce qu'il est attendu comme action adéquate.

L'opportunité d'un registre plutôt qu'un autre est fonction de ce « quelque chose » qui existe à un moment donné de la rencontre.[1]

L'interaction sociale est un processus

Elle se déroule rarement comme on l'avait prévue. On n'en sort pas exactement comme on y est entré.

Anselm Strauss, dans *Miroirs et masques : une introduction à l'interactionnisme*[2], remarque : « Il faut considérer qu'à chaque instant l'un des cas suivants est susceptible de se produire (lors de l'interaction) :

• A peut réagir consciemment à un geste volontaire de B ;

---

1. Taibi Kahler dit pouvoir optimiser la communication par son « process communication model t.m. » (*Insight, To greater personal and professional success, A Kahler Process Model TM.*). Il recense six processus relationnels, c'est-à-dire six manières de communiquer (par des groupes de signes non verbaux et para-verbaux : expressions du visage, postures, gestes, intonations de la voix, constructions des phrases…) et cinq canaux de communication (directif, informatif, nourricier, émotif, interruptif). La méthode permet à une personne expérimentée d'apparier, sur le vif, canaux et processus, de façon à favoriser la compatibilité avec son interlocuteur. C'est une déclinaison de la réciprocité. Lors d'une rencontre difficile, cette perspective est intéressante.
2. Éditions Métailié, 1992.

- A peut réagir consciemment à une réponse involontaire de B (qu'il s'agisse d'une intonation ou d'un geste de la main) ;
- A peut réagir sans en avoir lui-même conscience à une réaction consciente de B ;
- A peut réagir involontairement à une réaction involontaire de B.

On double le nombre de cas en remplaçant B par A et A par B.

Le schéma est encore plus compliqué du fait que chaque participant peut réagir si rapidement aux intonations, rythmes et gestes, qu'il ne s'aperçoit pas de sa propre réaction lorsqu'elle se produit, mais en prend conscience après coup ; soit parce qu'il la remarque de lui-même, soit parce qu'elle lui est suggérée par la façon dont l'autre répond. »

On le voit, il y a pas mal de place pour les erreurs. Cela demande de bonnes facultés d'observation pour évaluer ces effets réciproques.

Deux autres déterminants, l'engagement et l'imitation, vont compléter la connaissance des ressorts de l'interaction sociale.

L'engagement

La genèse des comportements ne s'explique pas toujours par les attitudes, les convictions, les opinions, les informations, les désirs et les attentes des personnes.

On peut amener quelqu'un à faire quelque chose qu'il juge inadmissible si on le lui demande tout de go.

La technique du « pied dans la porte »

Elle consiste à faire accomplir une tâche qui entraîne dans un engrenage.

Avoir un panneau dans son jardin ne signifie pas que l'on est d'accord avec l'opinion qu'il exprime. Ce n'est pas forcément, non plus, la réponse à une pression. Alors quoi ? Votre voisin qui est, lui, un chaud partisan de l'opinion évoquée ne l'aurait peut-être pas affichée. Vous vous tromperiez en le suspectant de lâcheté, de prudence ou de mollesse. Et sa femme n'y est pour rien…

L'origine de cette différence de comportement est à chercher ailleurs.[1] Quelques jours auparavant, celui qui accepte de défigurer son jardin a été sollicité par un militant pour apposer un petit autocollant sur sa fenêtre. Votre voisin, lui, a d'emblée été invité à mettre le panneau dans son jardin ; il a refusé, arguant du fait que son jardin allait en être déparé. Freedman et Fraser ont répété l'expérience un nombre significatif de fois et observé que, dans les mêmes conditions, parmi ceux qui, au préalable, ont été amenés à coller une vignette (groupe expérimental), il s'en trouve 76 % qui acceptent l'encombrant panneau, pour 16,7 % dans le groupe de contrôle.

Des comportements antérieurs peuvent, dans certaines conditions, influencer des comportements présents, et de façon décisive.

Ce qui revient à dire que celui qui est capable de faire faire quelque chose à l'autre pourra engager celui-ci dans un acte bien plus important que le précédent. Le « pied dans la porte » est une technique bien connue des commerciaux.

Mais il ne faut pas s'y prendre n'importe comment ! Certaines conditions de réussite doivent être réunies. Si l'on reprend notre exemple de l'automobiliste et du piéton, on peut s'ingénier à les examiner :

- *la visibilité du comportement* (il y a forcément un ou plusieurs témoins : le ou les piétons) ;

- *le caractère explicite de la conduite* (l'automobiliste s'est ostensiblement et délibérément arrêté pour le piéton) ;

_____

1. Comme l'ont expliqué deux psychologues Freedman et Fraser in « Compliance without pressure : The foot-in-the-door technique », *Journal of Personality and Social Psychology*, 4, 195-203. 1966.

- *l'irrévocabilité du comportement* (arrêtée, la voiture ne peut désormais reprendre sa route qu'après le franchissement du passage par les piétons) ;

- *l'importance et le coût de l'acte* (peut-être l'automobiliste se mettait-il en retard pour un rendez-vous qui demandait de la ponctualité ; peut-être que derrière lui des automobilistes sanctionnaient son arrêt, donc le leur, par des coups de klaxon rageurs ; ces réactions coincent entre des alternatives et demandent du sang-froid) ;

- *le sentiment de libre arbitre* (l'automobiliste s'arrête de son plein gré, il ne subit aucune pression et n'encourt aucune sanction) ;

- *la gratuité de l'acte* (il n'y a pas *a priori* de récompense ; le cas échéant, elle est fortuite, l'automobiliste ne l'ayant pas visée).

Les nombreuses expériences menées[1] démontrent que ceux qui ont agi dans un contexte d'engagement (ici, poser un autocollant) vont être influencés dans leurs attitudes et comportements ultérieurs.

Dans le processus du « pied dans la porte », l'engagement peut conduire à une stabilisation du comportement et même à l'adoption de nouveaux comportements plus coûteux, voire à leur généralisation. C'est bien connu : qui vole un œuf vole un bœuf !

Il y a donc lieu de se demander comment la personne catégorise, elle-même, le comportement résultant de son engagement.

L'automobiliste salué par le piéton peut très bien se sentir engagé à être plus respectueux du code de la route ; à moins qu'il ne réserve dorénavant sa courtoisie qu'à un seul type de personnes, auquel appartenait son « protégé ».

Un accord sur un aspect important aura été amorcé bien en amont par des multitudes d'accords sur des sujets bénins relevant d'une

---

1. Notamment pour lutter contre les accidents de travail, promouvoir la sécurité routière, combattre le sida, le tabagisme… Nous renvoyons le lecteur au livre de R.-V. Joule et de J.-L. Beauvois *La Soumission librement consentie*, Presses Universitaires de France 1998

même catégorie. Prenons un exemple : désireux de détendre l'atmosphère d'une séance animée, vous proposez une suspension de séance par un bon repas dont vous savez votre interlocuteur friand. À quoi servirait-il que celui-ci accepte votre invitation dans un restaurant étoilé si elle n'est à ses yeux qu'une tentative de rachat pour les propos malheureux qu'il vous attribue ? On veillera donc à amorcer l'engagement dans le vif du sujet, en prenant la balle au bond, en congruence avec la perspective de l'autre. Par exemple, on interrompra ainsi la négociation : « Nous avons besoin, vous et moi, d'une détente. Nous partageons, je m'en souviens, le goût des crustacés et du poisson. Je vous invite chez Le Divellec, nous serons à l'aise pour mieux nous comprendre, dans ce cadre nautique. »

Des applications à la négociation seront présentées dans le dernier chapitre.

Remarquons au passage que B.M. Staw[1] a appelé « escalade d'engagement » la tendance à se tenir à une décision de départ même lorsqu'elle a démontré son inefficacité.

Christian Morel en fournit de nombreux exemples et analyses dans *Les Décisions absurdes, sociologie des erreurs radicales et persistantes*[2].

La technique de « la porte au nez »

Elle s'exerce dans le sens contraire : une demande excessive est d'abord présentée à la personne pour ensuite la rassurer en la remplaçant par une autre plus raisonnable mais qui aurait été refusée si on lui avait faite d'entrée de jeu.

---

1. "The escalation of commitment to a course of action", *Academy of Management Review*, 6, 577-587. 1981.
2. Gallimard, 2002.

© Éditions d'Organisation

Cialdini, Vincent, Lewis, Catalan et *alii*.[1] ont demandé à des personnes de s'occuper pendant deux ans de jeunes délinquants. La plupart ont refusé. Toutefois, 50 % d'entre eux ont accepté de s'occuper de jeunes délinquants pendant quelques heures. Dans le groupe témoin, 17 % seulement ont accédé à cette requête.

La technique de l'amorçage

Elle consiste à persuader une personne avant de tenir l'arrangement pour caduc. On lui propose ensuite un accord plus exigeant que le précédent, auquel elle consent. L'accord de départ a servi de tremplin pour la véritable demande.[2]

La technique du leurre

Elle consiste à appâter une personne avec une promesse fallacieuse qui attirera son attention et la fera saliver. Mais, bientôt, elle apprendra que l'occasion a été manquée de peu (date limite, épuisement de stock, les conditions ne sont plus réunies…). Face à sa déception, on lui offre une occasion certes moins intéressante, mais tout de même alléchante… Bref, on finit par lui proposer ce qui aurait été l'offre de base.[3]

La technique du « ce n'est pas tout »

Elle consiste à faire accepter une demande au prix déjà fixé en la faisant apparaître comme un cadeau par un « rabais » et par des avantages dont la personne n'a aucun besoin.[4] Je vous fais une offre et, avant même que vous n'ayez pu l'examiner, l'améliore aussitôt

---

1. "Reciprocal concessions procedure for inducing compliance : The door-in-the-face technique", *Journal of Personality and social Psychology*, 31, 1975.
2. Cialdini, Cacioppo, Bassett et Miller, "Low-ball procedure for producing compliance : Commitment then cost", *Journal of Personality and Social Pychology*, 36, 1978.
3. Beauvois et Joule, *op. cit.*
4. Burger, "Increasing compliance by improving the deal : The that's-not-at-all technique", *Journal of Personality and social Psychology*, 51, 1986.

et y ajoute des conditions avantageuses superflues. Cette technique est savoureusement illustrée sur les marchés : la vente bradée d'un appareil ménager s'accompagne, par exemple, de couverts, et « ce n'est pas tout », d'un éplucheur de légumes, etc.

L'imitation

René Girard[1] souligne la nature mimétique du désir. Nous ne désirons quelque chose que parce qu'un autre le désire, que nous imitons ou auquel nous nous identifions !

Et Girard n'est pas le seul à nous éclairer à ce sujet. Spinoza n'écrivait-il pas[2] : « Si nous imaginons qu'une chose semblable à nous et à l'égard de laquelle nous n'éprouvons aucun affect éprouve de son côté quelque affect, nous éprouvons par cela même un affect semblable ? »

Spinoza appelait cela « l'imitation des affects ». Il dit plus loin (prop. 32) : « Si nous imaginons que quelqu'un tire de la joie d'une chose qu'un seul peut posséder, nous nous efforcerons de faire qu'il n'en ait plus la possession », les hommes... « aim[a]nt davantage ce qu'ils imaginent dans la possession d'un autre. »

Le mimétisme serait un ressort essentiel du désir : je désire un objet d'autant plus que l'autre le désire. Il ne vient pas d'une relation du sujet à l'objet mais du sujet à son semblable, qu'il veut imiter.

Rivalité mimétique

Ce processus d'escalade – dans lequel plus le désir d'autrui est grand, plus le mien le sera – voit le moment où le désir d'autrui supplante le résultat que j'escomptais de la négociation. J'en oublie l'objet premier de notre conflit d'intérêt, à tel point que la violence qui finit par nous opposer revêt un caractère personnel. La « rivalité

1. *La Voix méconnue du réel*, Grasset, 2002 et *Celui par qui le scandale arrive*, Desclée De Brouwer, 2001.
2. *L'Éthique*, III, prop 27, Gallimard, La Pléiade, 1997.

mimétique », ainsi que l'appelle René Girard, dresse l'un contre l'autre deux protagonistes pour l'appropriation d'un bénéfice et nourrit le conflit.

La violence routière est sans doute une manifestation parmi d'autres de la rivalité mimétique des automobilistes qui ont du mal à partager la route.

Admettons que le secret du conflit et de la violence soit l'imitation désirante.

Cette hypothèse nous conduit-elle très loin ? Peut-elle nous aider à mieux négocier ?

Qu'en est-il quand les personnes ne sont ni réunies, ni opposées par un même désir ?

Prolongeons l'exemple de notre introduction.

Nous avions laissé un automobiliste frustré par l'ingratitude d'un piéton qu'il estime grossier, ce qui légitime une symétrique grossiè-reté (du type « Il l'a bien fait, lui, je ne vais pas me gêner ! »). Un comportement rageur survient et persiste un petit moment.

À l'inverse, la courtoisie du piéton se serait prolongée par celle de l'automobiliste, au moins jusqu'au prochain carrefour.

Réciprocité

Les rapports humains ont du mal à échapper à une double imitation. Ils peuvent être aussi bien bienveillants et pacifiques que mal-veillants et belliqueux sans jamais cesser d'être réciproques.

Mark Rogin Anspach, s'appuyant sur les textes de Marcel Mauss, de Claude Lévi-Strauss, de Cornelius Castoriadis et de Gregory Bateson demande, à l'instar d'un Erving Goffman[1], dans *À charge de revanche*[2] pourquoi la réciprocité semble obligatoire dans les

---

1. Voir notamment *Le Parler frais*, Minuit, 1990.
2. Le Seuil, 2002.

relations humaines. « Pourquoi la chose donnée, le bienfait ou le méfait, le compliment ou l'insulte, doit-elle être rendue ? »

Observons l'itinéraire du choix d'un cadeau. Il est souvent constitué d'un indispensable va-et-vient entre des questions de budget, de caractéristiques et de goûts du récipiendaire, de l'historique des cadeaux précédents, des pratiques en vigueur…

À y regarder de plus près, le cadeau peut être la réponse à une série de règles qui ne relève pas seulement de la spontanéité. Il entre dans un programme « donner-recevoir-rendre ». Il est prudent qu'une équivalence soit respectée, comme lors d'un troc, mais en donnant l'impression d'une spontanéité, indifférente à un calcul étriqué. Nous savons intuitivement que le cadeau est un signe à double face : à même d'assurer la pérennité du lien social, il peut être à l'origine d'une perturbation, voire d'une modification en profondeur de celui-ci.

Un partenaire qui reçoit un cadeau exagérément coûteux peut éprouver du ressentiment : il est désormais endetté ou humilié. Le présent trop modeste peut, à son tour, mettre en péril la relation.

Il est rare, ce rapport de confiance qui autorise à donner sans être sûr que l'autre va rendre, à accepter que l'autre donne quand on n'est pas sûr de pouvoir rendre (et être sûr que l'autre ne va pas exploiter sa position, en attendant une impossible réciprocité).

En résumé, disons qu'il s'agit, quand les échanges deviennent toxiques, de recadrer, c'est-à-dire :

• d'utiliser la situation telle qu'elle est (au fil du temps, sans se laisser aller à la nostalgie) ;

• d'exploiter ce que celle-ci peut comporter de positif ;

• et de transformer la rivalité mimétique en opportunité.

Des exemples de recadrage sont donnés, dans le chapitre VII, pour chacun de nos quatorze récits.

Chapitre III

Perception de soi, perception de l'autre

La représentation programme l'action

L'image, la représentation que nous nous faisons du partenaire est susceptible d'influencer la stratégie différenciée que nous allons adopter[1]. La représentation de l'autre est instinctive, (nous ne savons pas ce qui l'inspire), imprévisible (elle s'impose à nous) et sauvage (nous ne la contrôlons pas).

L'information sur l'autre, même quand elle est, en principe, favorable au déroulement et à l'issue de la négociation (par exemple quand le partenaire est conciliant, ouvert, intéressé par un accord) ne nous disposera pas nécessairement à une représentation juste, encore faut-il que la caractéristique soit significative pour nous, au moment des échanges. Il en va de même des configurations dites « favorables », celles où tous les événements s'enchaînent en vue de notre réussite. « À vaincre sans péril, on triomphe sans gloire » nous rappelle avec force Corneille.

© Éditions d'Organisation

---

1. J.-C. Abric, C. Faucheux, S. Moscovici, M. Plon, « Rôle de l'image du partenaire sur la coopération en situation de jeu », *Psychologie française*, 12, 4, 267-275, 1967.

Aussi se méfiera-t-on des *a priori* et des étiquettes, figeant la représentation que l'on peut avoir de notre interlocuteur : les coopératifs, les compétitifs…

Nous préférons, avec E. Apfelbaum[1], nous fier à ce que la personne ou la situation représente pour nous, en ce moment. Il vaut mieux dresser un portrait en évolution que de pétrifier une image.

D'autant que si la situation présente un aspect de fatalité (si l'on se dit quelque chose du genre « il n'y a rien à faire, les dés sont jetés… »), la relation coopérative sera freinée. Alors qu'à l'opposé, si les éléments constitutifs de la représentation de la situation laissent entrevoir que celle-ci est contrôlable et ouverte, la propension aux comportements coopératifs augmente.

Le danger des « étiquettes »

Nous avons déjà pu nous rendre compte combien les messages verbaux et non verbaux réclament de compétences tant pour les émettre que pour les comprendre. Leur décodage permet d'anticiper, de s'accorder et de nouer des relations productives. Si la confiance est nécessaire au processus d'influence et de négociation, feintes, duperies et simulations n'y sont pas moins légion.

Esope nous rappelle que : « La langue est la meilleure (c'est le lien de la vie civile, la clef des sciences, avec elle on instruit, on persuade, on règne sur les assemblées…) et la pire (la mère de tous les débats, la nourrice des procès, la source des guerres, de la calomnie et du mensonge…) des choses. »

Le corps, lui, s'exprime dans un langage qui ne trompe pas, dans la mesure où sa gestion relève, pour une bonne part, de systèmes physiologiques autonomes, indépendants de la conscience et de la volonté.

---

1. *Interdépendance, renforcement social et réactivité*, thèse de doctorat, Laboratoire de psychologie sociale de la faculté des lettres et sciences humaines, 1969.

Se familiariser avec le langage du corps livre des clés. Intuitivement, nous le sentons et en négociation il est nécessaire d'en faire une compétence à part entière.

Certes, il n'y a pas de dictionnaire pour traduire universellement le langage du corps. Cela n'est pas simple. Les signes – tout comme les mots – ne prennent leur sens spécifique que dans un contexte.

L'interprétation d'un geste isolé (du type « se toucher le menton veut dire que… ») appartient à la psychologie de comptoir.

Le négociateur est souvent sous l'influence du mécanisme de *projection*. C'est-à-dire qu'il prête inconsciemment à l'autre des caractéristiques qui lui sont propres (« l'autre est comme moi »). On parle alors de *projection spéculaire*.

Quand il refuse de s'attribuer des caractéristiques interdites par sa conscience, la *projection* est *cathartique*. (« Je le déteste », devient « Il me hait ».) L'agression se fait dès lors plus légitime.

Lorsqu'un de ses propres comportements vient menacer l'estime qu'elle a d'elle-même, la personne peut en attribuer la cause à un défaut de son interlocuteur, la *projection* est alors *complémentaire*. (« Je lui ai menti parce qu'il n'a pas le courage d'affronter la réalité. »)

L'interprétateur peut également être dans un mécanisme d'*annulation*. Il fait alors comme si ses paroles, ses gestes ou ses actes n'étaient pas advenus. Il se dégage ainsi de toute responsabilité dans les changements de comportement de son interlocuteur.

Le négociateur n'est jamais désintéressé, la tête dans les nuages, innocent. Il décrit son interlocuteur en même temps qu'il le juge ou l'excuse ; il essaie de lui coller des étiquettes afin de prédire ses comportements : le colérique, le prétentieux, le rusé, le dur, le névrosé, le parano, le tricheur…

Il tente d'en définir les causes : la jalousie, le goût du pouvoir, la perversité, le complexe d'infériorité…

Dénoncer et interpréter ce qui nous gêne en l'autre n'affûte pas nos capacités relationnelles et amende rarement les comportements dérangeants.

Mettre des qualificatifs – même et surtout savants – sur des comportements est souvent le visage vertueux du jugement de valeur.

En figeant la représentation que l'on se fait de notre interlocuteur, on se prive d'une vision dynamique des processus relationnels et, par là même, d'actions en prise avec la réalité.

À ces tunnels affectifs nous ajouterons plus loin les *tunnels cognitifs* (*cf.* « Les pièges du raisonnement », page 56) qui contribuent également à biaiser nos perceptions.

Mais alors, à quoi sert l'observation de ces signes si l'on ne peut se fier à ses perceptions ? D'autant que celles-ci sont biaisées par les influences culturelles !

Le malentendu

La vérité n'est pas le contraire du mensonge.

F. Walder

Récit n° 15. Naissance d'un malentendu

Cet ethnologue avait soigneusement préparé son expédition. Il comptait bien en rapporter une publication sur la tribu des Tupa-Tucana. Les anthropogéographes se perdaient à situer avec précision leur territoire, à cheval sur la frontière de l'Équateur et du Pérou.

Ces Amérindiens, si différents de nous, sont-ils hostiles ou accueillants, nomades ou sédentaires, quel est leur système de parenté, sont-ils autarciques ou non ? À quoi devait s'attendre notre Levi-Strauss ? Prudent et respectueux quand il découvrit, sans être vu, des signes de leur présence, il se dissimula derrière la luxuriante végétation pour se donner le temps et les moyens d'observer les premiers rudiments de leurs us et coutumes. De la sorte, il apprendrait les rites des premiers échanges.

Il aperçut une tribu dont les maisonnées étaient distantes et autonomes. Il entrevit une chasse aux pécaris et une pêche à la nivrée.

Cependant, il avait, à son insu, été repéré par quelques Tupa-Tucana qui s'empressèrent de rapporter leurs observations au village. Que voulait cet étranger qui se cachait ? Ils tinrent conseil, longuement. Puis, ils décidèrent de prendre leurs armes, des lances, des sarbacanes et des boucliers, pour se défendre. Ils attaquèrent leur prédateur, avec une violence qui semblait ritualisée.

L'ethnologue, surpris, ne dut son salut qu'à quelques coups d'un fusil tirés en l'air qu'il avait emmené pour se défendre des fauves de la forêt et à la puissance de son 4x4. Il eut cependant le temps de filmer ses poursuivants.

Le film qu'il projeta en Europe ne laissait aucun doute : la preuve de la nature foncièrement belliciste de ces Amérindiens ne souffrait aucune contestation... Des publications s'attachèrent les unes à valider, les autres à égratigner des thèses sur les populations indigènes.

Et les Tupa-Tucana se transmettront longtemps le récit du danger qui les avait menacés lorsque ce maudit étranger était venu les attaquer avec le mauvais œil. Ils se féliciteront de leur courage et de la protection de leurs dieux. Des animaux domestiques continueront à leur être offerts en sacrifice.

Nos comportements de défense, loin de nous protéger, peuvent générer ou entretenir ce que nous voulons combattre. Nous défendre de l'autre revient alors pour celui-ci à se croire attaqué, ce qui justifie qu'il se défende…

La manière dont nous percevons une situation difficile peut contenir en elle-même ce qui inspire des comportements qui vont encourager ou provoquer ce que nous redoutons.

Le négociateur, comme l'ethnologue, fait partie de ce qu'il veut étudier. Il doit pouvoir s'observer pour observer.

Pour qui me prenez-vous ?

Gestes, comportements, postures, mots, regards expriment la *définition de soi* (pour qui je me prends), *de l'autre* (pour qui je vous prends) et *de l'échange que l'on tient* (ce que l'on fait ensemble).

Quand les échanges se passent bien, l'engagement est instinctif. Le mimétisme social opère, la relation est harmonieuse et chacun y trouve sa place. Les parties régulent d'elles-mêmes la relation pour ne pas aller trop loin et ne pas menacer le lien.

Quand vos définitions (de vous-même, de l'autre ou de la situation) sont menacées, le langage de votre corps le trahit.

Voici les quatre cas de figure qui peuvent venir mettre en péril vos définitions :

- « Mais pour qui il me prend ? » : l'autre me prend pour quelqu'un d'autre, il m'attribue faussement des intentions, il nie mes capacités et mes mérites ;

- « Mais pour qui il se prend ? » : il y a une rupture outrageuse entre le réel et la représentation qu'il en donne à son avantage. Grandiloquence, impudence, dissimulation, affectation, prétention en sont les expressions courantes ;

- « Mais il se croit où, lui ? » : il détourne règles, usages, codes, conventions généralement en vigueur. Il s'octroie droits et libertés. Je n'ai d'autre choix que de m'y adapter ;

- « Mais il est fou ! » Il enfreint la règle fondamentale de l'interaction : je dois m'adapter à son état, alors qu'il est devenu incapable de s'adapter au mien. Il place ses sentiments au-dessus des règles qui devraient assurer la sécurité de l'interaction. J'ai soudain devant moi une « *prima donna* », un « enfant ».

L'attitude ortho : mon vécu, ma perception de l'autre, le malentendu, le décryptage, les pistes pour l'action, le recadrage

L'observation nous ramène à l'interactionnisme (*cf.* § « réciprocité », chapitre II page 45) pour corriger les malentendus qui ne manquent pas de survenir au cours d'une négociation. L'interactionnisme illustre bien

© Éditions d'Organisation

comment nous nous adaptons à l'autre pour communiquer et que ce faisant émergent des comportements qui n'appartiennent qu'à cette relation, *hic et nunc*.

Nous proposons une démarche simple à l'usage, compatible avec les circonstances tumultueuses pour lesquelles elle est réservée. Démarche destinée à redresser une trajectoire compromettant le succès de la négociation. Il s'agit de partir de ce que je ressens (« mon vécu ») pour analyser ma perception de l'autre. La démarche aboutit à une attitude que nous qualifierons d'« ortho ».

Esquissons-en les étapes :

- appelons *mon vécu* ce que, de manière parfois indifférenciée, nous éprouvons dans une situation difficile et qui nous inspire l'une ou l'autre interjection : « Pour qui il me prend ? », « Pour qui il se prend ? », « Que fait-on ensemble ? » Par exemple, le récit n° 1 peut amener à se demander : « Mais il me prend pour un imbécile ! », le récit n° 3, : « Pour qui il se prend » et le récit n° 7 : « Que fait-on ensemble ? » ;

- ce vécu prend sa source dans *ma perception de l'autre*, qui peut être : « Quel impudent ! Il se décerne des mérites que je devrais reconnaître. Imposteur ! » Être pris pour un autre, ou voir l'interlocuteur détourner l'échange à son seul profit peut être perçu comme menaçant ma propre définition (du type « pour qui je me prends », *cf.* chapitre II-III). Exemple, le récit n° 6 ;

- la conjugaison de *mon vécu* et de *ma perception de l'autre* construit le *malentendu*. Cette différence d'interprétation met en danger mes intérêts, elle agit comme une prédatrice ; elle m'inspire tantôt une réaction de *fuite* (voir le récit n° 7, « je ne suis pas payé pour me laisser traiter comme ça »), tantôt une réaction d'*attaque* (qui est celle du récit n° 1, où il peut me sembler urgent et légitime de « lui rentrer dans le chou »), à moins que la *paralysie* n'inhibe ma défense (exemple n° 2, où le protagoniste principal semble dire « je suis vide »). Mon action est mobilisée par la perception que j'ai eue du comportement de l'autre. Action mimétique, évidemment. Les figures de *malentendu* fourmillent dans les négociations. Des versions en seront fournies plus loin pour chacun des récits. Nous suggérerons quelques pistes pour en sortir. Celles-ci ne se veulent pas *la bonne réponse* et sont, parfois, elles-mêmes, des malentendus. Mais des « malentendus prometteurs »[1] qui peuvent créer de nouvelles versions de l'histoire, dans lesquelles les acteurs peuvent s'attribuer d'autres motivations, exister autrement. Quand on ne sait ou ne peut résoudre un problème, il est parfois utile d'en changer l'énoncé.

Quelques hypothèses de travail attendent le lecteur curieux de pouvoir inventer de nouveaux espaces relationnels grâce à l'*attitude ortho* qui se complète par :

- le décryptage : comprendre ce qui se joue dans la situation ;

- des pistes pour l'action : quelles sont les options ? ;

- l'action ortho : ce que je fais pour redresser et corriger la trajectoire dangereuse pour le résultat de la négociation.

Pour nous familiariser avec ces derniers points, équipons-nous de quelques outils.

La manipulation

Les malentendus ne peuvent faire qu'achopper la négociation. Il est urgent d'emprunter les voies pour en sortir. Nous en avons déjà exploré un certain nombre. Il en reste une, que notre morale réprouve. Foin de pruderie et de pharisaïsme : parlons sans détour de la manipulation !

Savoir, c'est pouvoir. Les usages sociaux de la science sont rarement neutres ; on s'appuie sur elle pour amener certaines personnes

---

1. Vinciane Despret, *Ces émotions qui nous fabriquent, ethnopsychologie de l'authenticité,* Les empêcheurs de penser en rond, 2001.

à faire ce que l'on attend d'elles. D'une certaine manière, le lecteur de cet ouvrage ne fait pas autre chose.

Pourquoi faire semblant d'ignorer que chacun d'entre nous a parfois manipulé pour parvenir à ses fins ? Pas systématiquement, il est vrai. Nonobstant une éthique personnelle qui « résulte de l'opposition du bon et du mauvais, considérés comme valeurs simplement relatives (…) [et qui] est le chemin réfléchi de vivre, en tant qu'il tend vers la vie bonne… ou la moins mauvaise possible, et c'est la seule sagesse en vérité. »[1]

Nous avons déjà présenté, à propos de l'engagement, quelques techniques dont celle du « pied dans la porte ». Mentionnons parmi les nombreuses méthodes d'influence et de persuasion celles présentées par R. Cialdini dans *The Psychology of Persuasion*[2] (vendu à plus de deux cent cinquante mille exemplaires) et par M. P. Palmarini[3]. Palmarini a été directeur de recherche au centre de sciences cognitives du Massachusetts Institute of Technology. On connaît également la communication paradoxale de l'école de Palo Alto (Bateson, Watzlawick, Weakland, Beavin, Jackson, Fisch…). Rappelons-en quelques enseignements. « Sois spontané », pour obéir à cette injonction, il faut lui désobéir. La personne prise dans cette double contrainte est mal à l'aise quand elle réalise la contradiction.

L'état de confusion est parfois provoqué quand des messages s'annulent en apparence, mais ils ne peuvent s'annuler quand l'un et l'autre appartiennent à des catégories logiques différentes.

Ce type de communication peut inspirer le négociateur. Ainsi, le roi du Danemark, en 1943, questionné par un émissaire des nazis sur la manière qu'il comptait employer pour résoudre le problème juif, répondit : « Nous n'avons pas de problème juif au Danemark. » Il avait temporisé en annulant le message. Cela ne suffit pas mais lorsque, quelque temps après, les Allemands obligèrent les juifs à

---

1. André Comte-Sponville, *Dictionnaire philosophique*, PUF, 2001.
2. *Influence et manipulation*, First éditions, 2004.
3. *L'Art de persuader*, Odile Jacob, 1999.

porter l'étoile de David, le roi, rappelant qu'il n'y avait aucune différence entre les Danois, annonça que le décret allemand frappait donc tous les Danois. Il fut le premier à le faire, suivi par la grande majorité de ses concitoyens. Les Allemands annulèrent leur décret...

Dans *Faites vous-même votre malheur*[1] la prescription du symptôme travaille sur le paradoxe, en sorte de rompre avec la propension que nous avons à attribuer aux autres les causes de nos échecs.

Attention à ne pas sous-estimer l'auto-manipulation, *Les pièges du raisonnement : comment nous nous trompons en croyant avoir raison*[2], ainsi que les pièges du raisonnement débusqués par les sciences cognitives.

Épinglons quelques-uns de ces pièges (dont l'auteur n'est pas toujours celui que l'on croit) qui minent les argumentations, notamment lors des négociations :

• fonder l'estimation de la probabilité sur la facilité avec laquelle les exemples viennent à l'esprit (biais) ;

• la recherche d'une confirmation de nos idées prime, au risque d'occulter des faits qui seraient loin de les conforter (erreur de confirmation) ;

• estimer que la probabilité que deux événements indépendants se produisent en même temps n'est fonction que de la probabilité de l'événement le moins probable (erreur de conjonction) ;

• estimer que deux objets ou événements appartiennent à la même classe, sur l'observation superficielle de caractéristiques communes (erreurs d'appariement) ;

• attribuer à un changement occasionnel d'une habitude bien ancrée la cause d'un incident : sans ce changement, ce ne serait sûrement pas arrivé (annulation mentale) ;

---

1. P. Watzlawick, Seuil, 1984.
2. Sous la direction de Ewa Drozda-Senkowska, Retz, 1997.

• quand un événement ébranle la cohérence qui existe entre nos opinions, nos attitudes et nos comportements, nous sommes déséquilibrés. Pour réduire la tension qui peut en résulter, nous pouvons soit changer de comportement, soit réinterpréter ce qui nous a troublés. Le caractère précipité du changement peut nous faire décider sans discernement (dissonance cognitive) ;

• sous-estimer l'influence de la situation sur le comportement d'autrui ;

• prendre le vraisemblable pour le vrai, en arrêtant le processus de vérification de nos idées trop tôt, dès l'apparition des premières « cohérences » ;

• nous raisonnons pour savoir ce que les choses valent et construisons ainsi des connaissances « évaluatives » ou « utilitaires ». Nous savons moins comment les choses sont et avons moins de connaissances « descriptives », avec des lois logiques et probabilistes ;

• nous sommes spontanément conservateurs et prudents dans des situations de gain et, au contraire, aventuriers dans les situations de perte. Nous sommes plus affectés par des pertes que par des gains d'un même montant (D. Kahneman et V.L. Smith *op. cit.*).

Un autre piège du raisonnement : l'ambiguïté

Appelons ambiguë une situation que nous ne pouvons structurer de façon adéquate, faute d'indices suffisants. Dans une négociation, trois types de situation répondent en particulier à cette définition :

• des situations nouvelles qui ne comportent aucun indice connu ;

• des situations complexes dans lesquelles il y a trop d'indices pour pouvoir les traiter tous ;

• des situations contradictoires dans lesquelles différents indices suggèrent des pistes divergentes.

L'ambigu est dans le mélange d'idées, de rôles, d'intérêts et de besoins contradictoires. Vouloir en démêler l'écheveau, vaille que vaille, constitue une mission impossible. Une telle volonté conduit souvent au radicalisme, à la mauvaise foi et au jusqu'au-boutisme.

L'ambigu est également dans la difficulté d'interpréter ce qui peut bien relier le connu (ce que je connais d'une situation) à l'inconnu (ce qui peut être caché ou qui appartient au futur). Le négociateur doit pouvoir donner du sens aux signes qui l'entourent pour se forger itérativement, par approximations successives, une idée, quitte à la réviser en cherchant d'autres signes qui permettront de faire des distinctions et de peser le pour et le contre. Il peut parfois ressembler à Colombo, par sa persévérance et son ingéniosité. Être dans un vide de sens et sans point de repère peut donner le vertige au négociateur qui peut, alors, vouloir s'agripper et se fixer à des certitudes hasardeuses.

Prisonnier de barrières rigides, le négociateur intolérant à l'ambiguïté adopte une « vision tunnel » (N. Friedland), c'est-à-dire qu'il se construit une conviction exclusive de tout autre, fût-elle claire, factuelle et objective.

La « vision tunnel » peut se traduire par du terrorisme psychologique : habité par la vérité, l'individu sème la confusion chez son interlocuteur en l'empêchant de discerner le vrai du faux, le réel de l'imaginaire et l'innocence de la culpabilité.

Récit n° 16. Réponse à tout !

D'origine modeste, issue de l'immigration, fierté de ses parents, jalousée ou enviée par ceux qui, contrairement à elle, ont raté l'ascenseur social, voilà cette belle femme nommée à des fonctions importantes. Elle épouse la cause de ses nouvelles fonctions, sans arrière-pensée ni doute.

Elle se trouve maintenant à devoir incarner et défendre les intérêts de son nouveau milieu. Prise dans une double contrainte, elle cesse, par son métier, d'appartenir à sa classe sociale d'origine, sans pouvoir s'insérer pleinement dans le milieu qu'elle côtoie tous les jours. Trop prolétaire, par sa personnalité et ses manières, pour être nantie et trop nantie, par ses relations et ses occupations, pour être prolétaire, elle ne se sent à l'aise nulle part. L'ambiguïté est constitutive de son identité. Pour les uns, elle porte les stigmates de ses origines ; pour les autres, s'étant élevée dans la société, elle devient étrangère. Comment peut-elle se situer, au confluent de ces regards contradictoires ? D'autant que les médias, par les stéréotypes qu'ils véhiculent, ne font qu'ajouter à l'ambiguïté.

Elle n'a d'autre choix, pour se protéger, que de balayer d'un revers de main toutes les objections. Elle s'autorise d'une vision romanesque de ses mérites pour se rendre intouchable et altière. Elle ne se trompe jamais, ce sont les autres qui « ne la comprennent pas ».

Livrons une version de décryptage de ce portrait (comme nous en proposerons à la fin du livre, pour chacun des récits).

L'apparente simplicité du discours de cette personne est contredite par son incroyable syncrétisme. Il s'agit d'une combinaison sans cohérence de tout ce que pensent les interlocuteurs aux yeux desquels elle veut compter. Il contient, forcément, tout et son contraire. Sous le feu de la critique, elle répond qu'elle est d'accord par un « mensonge de bonne foi », puisque, dans tout point litigieux qui est allégué, elle reconnaît une pièce de son patchwork.

L'intolérance à l'ambiguïté s'observe, en particulier, lorsque le négociateur ne fait pas la part des choses entre son identité personnelle (son ego) et son identité professionnelle (son rôle social). Cette dernière consiste à atteindre un objectif. Le fait que sa réussite dépende en partie de quelqu'un d'autre ne constitue pas une insulte à son identité personnelle mais bien une contrainte pour son identité professionnelle.

En distinguant ses identités, un individu peut élargir le champ d'options pour atteindre ses objectifs, tout en restant fidèle à lui-même. Sa personnalité abrite plusieurs identités juxtaposées.[1]

La personne qui ne confond pas ses rôles sociaux et son ego peut choisir et adapter le rôle qu'il convient d'interpréter pour atteindre son objectif. Elle ose s'interroger, apprendre, évaluer et accepter l'alternance du gain et de la perte.

© Éditions d'Organisation

---

1. Lire à ce sujet *Les Identités meurtrières*, de Amin Maalouf, Grasset, 1998.

À l'inverse, de la confusion entre l'identité professionnelle et l'ego résulte des attitudes fermées, arrogantes, sûres de leur savoir et de leur générosité. Ce dernier aspect ne peut que discréditer l'honnêteté du contradicteur.

La tolérance à l'ambiguïté est une capacité qui s'apprend et se perfectionne.

De même, il est important de savoir traiter avec une personne enfermée dans sa vérité. Pour ce faire, il est recommandé de lui poser des questions vraiment ouvertes (celles dont on n'a pas la réponse et dont notre interlocuteur connaît l'usage que nous en ferons).

« Que voulez-vous dire quand vous dites… ? » « Je ne comprends pas. Pouvez-vous m'aider à comprendre ? » On évitera les « pourquoi » qui poussent à se justifier, c'est-à-dire à être sur la défensive.

Vouloir la coincer ou mettre à jour ses incohérences serait du plus mauvais effet, dans la mesure où cela menacerait ses repères identitaires et déclencherait des attaques impulsives – en fait, des défenses, ainsi qu'on le rapporte dans le récit 15.

Il s'agit d'abord de permettre à l'autre de disposer de la tribune d'où, obéissant à sa conscience, il peut révéler et enseigner aux autres « la » vérité.

Montrer le plus grand intérêt pour les propos de quelqu'un ne veut pas dire que l'on est d'accord. Les questions ont pour fonction d'aider l'autre à structurer ses idées et à les communiquer de façon intelligible. L'intérêt qui lui est manifesté apaise son obligation ardente de radicaliser son discours et son comportement.

Quelle est votre tolérance à l'ambiguïté ?

L'échelle de Budner[1] fournit au lecteur une occasion de tester sa tolérance à l'ambiguïté. La nature des questions, en elle-même, illustre la notion.

---

1. Budner S., « Intolerance of ambiguity as a personality variable », *Journal of Personality*, 1962, Vol. 30, p.26-50.

© Éditions d'Organisation

Échelle de Budner

Indiquez dans quelle mesure vous êtes d'accord avec les affirmations ci-dessous en entourant le numéro correspondant à votre degré d'accord.

A = Absolument pas d'accord   C = Assez d'accord

B = Plutôt pas d'accord   D = Tout à fait d'accord

	POINTS			
	a	b	c	d
Je ne m'intéresse pas aux problèmes que je crois sans solution	1	2	3	4
Tant que je ne comprends pas le comportement des gens, je ne me sens pas complètement à l'aise avec eux	1	2	3	4
On peut réaliser pratiquement toute chose de façon exacte ou inexacte	4	3	2	1
Je préfère les paris où les chances de gagner sont bonnes mais les gains petits	1	2	3	4
Le bon moyen de comprendre les problèmes complexes est d'avoir un aperçu des aspects globaux plutôt que de diviser en petites unités	4	3	2	1
Quand je me trouve dans une situation sociale sur laquelle je n'ai aucun contrôle, je suis tendu	1	2	3	4
En fait, à chaque problème il y a une solution	1	2	3	4
Cela me dérange quand je n'arrive pas à suivre le cours de la pensée de quelqu'un	1	2	3	4

J'ai toujours senti qu'il existe une grande différence entre ce qui est juste et ce qui ne l'est pas	1	2	3	4
Quand j'ignore comment les gens réagissent à mon égard, cela me dérange	1	2	3	4
Dans notre monde, on ne peut rien obtenir, sauf si on se soumet à un certain nombre de règles de base	1	2	3	4
Si j'étais médecin, je préférerais l'incertitude du psychiatre aux connaissances de faits clairs et définis du chirurgien ou du radiologue	4	3	2	1
Je n'aime pas les photographies ou les images floues	1	2	3	4
Si j'étais un scientifique, le fait que mes recherches et travaux n'aient jamais de fin me dérangerait (car en science, il y a toujours de nouvelles découvertes)	1	2	3	4
Avant un test ou un examen, je suis toujours moins tendu quand je sais à l'avance combien de questions il comportera	1	2	3	4
Le meilleur moment dans la résolution de mots croisés ou de puzzles est celui où l'on trouve son tout dernier élément	1	2	3	4
Parfois, je trouve du plaisir à me comporter de manière à être en infraction avec la loi et à faire des choses que je ne devrais pas	4	3	2	1
Je n'aime pas travailler sur un problème si je ne suis pas sûr qu'il y a une solution claire et univoque	1	2	3	4
J'aime m'occuper de nouvelles idées, même s'il s'avère que j'ai perdu mon temps	4	3	2	1
Un équilibre parfait est l'essence de toute bonne réaction	1	2	3	4
Total des points				

Une certaine tolérance à l'ambiguïté est nécessaire au négociateur.

Un score supérieur à 60 points indique chez la personne un malaise qui pèse, dans les situations ambiguës, sur ses capacités à percevoir, à comprendre, à apprécier et à évaluer. La possibilité d'agir à bon escient est alors menacée.

Chapitre IV

Jeux psychologiques

Entamons ce chapitre en rappelant que « négocier deviendrait impossible si chacun étalait son jeu sur la table » (Francis Walder) et qu'il ne s'agit pas d'espérer que la négociation ne soit pas « une danse désordonnée sur des sables mouvants ». Dissimulation et feinte sont monnaie courante.

Pas ou mal préparés à la négociation et nous voilà lancés dans une arène où la partie nous échappe :

• quand, pris au dépourvu, l'on ne voit d'autres alternatives que dans la manipulation émotionnelle ;

• quand les protagonistes, certes, ne jouent pas cartes sur table mais, de surcroît, rendent les échanges toxiques.

On glisse alors vers les attaques personnelles, les procès d'intention, l'ironie, la dérision, la provocation, la malveillance, les menaces, les exigences irréalistes qui vont crescendo, la violence, le blocage, les insultes, le chantage, la passivité, la fuite, etc.

Jeux psychologiques

Intéressons-nous, en particulier, aux relations piégées dans lesquelles le rôle de l'un alimente celui de l'autre, dans un jeu à somme nulle : si je gagne, tu perds.

Ils sont appelés « jeux psychologiques » par Berne[1] qui les a codi-
fiés et recensés. Ils ont en commun d'être composés de trois rôles
interdépendants et interchangeables :

• le persécuteur : celui qui a besoin d'un fautif pour l'attaquer,
  l'accuser et donc se disculper ;

• le sauveur, qui a besoin de la faiblesse de l'autre ;

• la victime, qui s'enferme dans la plainte et l'irresponsabilité, pour
  y trouver un alibi.

Il n'y a pas de persécuteur sans victime et vice-versa, pas de sauveur sans victime et vice versa ; persécuteur et sauveur sont donc
des alliés objectifs.

Voyons cela de plus près avec la scène suivante.

*1. L'acheteur : « Si cela ne tenait qu'à moi, mais je ne suis qu'un exécu-
tant... et je crains d'être une fois de plus désavoué par ma direction... »
(victime cherche sauveur).*

*2. Le vendeur : « Vous pourriez faire valoir que nous avons un gros
potentiel » (message reçu : proposition d'une solution pour « aider », en
sauveur).*

*3. L'acheteur, d'un ton déprimé : « Quand je dis ça, mon patron me repro-
che ma faiblesse » (il encourage à continuer le sauvetage).*

La scène se poursuit par d'autres « conseils » du vendeur.

*4. Le vendeur, impatient, usé : « Je ferais mieux de rencontrer votre
patron, avec lui au moins on ne perdra pas son temps ! » (redistribution
des rôles : il s'est reconverti en persécuteur).*

*5. L'acheteur : « Vous êtes comme les autres, malgré vos airs ! J'avais vu
juste ! » (de victime, le voilà persécuteur)*

*6. Le vendeur : « Chez nous, si on ne fait pas ses chiffres... » L'acheteur :
« Précisément, au lieu de profiter de mes conditions, vous en voulez toujours plus. » La vie est dure !*

Ces jeux – comme les tragédies, on les aurait préférés semblables à
une pièce de boulevard – obéissent à des règles, des retournements

---

1. *Des jeux et des hommes*, Éric Berne, Stock, 1975.

de situation, des claquements de porte, des coups de théâtre, des dénouements malheureux…

Endosser un de ces rôles, c'est espérer se sortir d'une difficulté au détriment de l'autre. Celui-ci peut accepter, consciemment ou non, durablement ou non, d'être un faire-valoir. Il peut refuser le casting, soit en endossant un rôle à contre-emploi, soit en refusant tout masque (Karpman appelle cela le triangle dramatique). Cependant, cela peut amener l'initiateur du jeu à trouver son salut dans un autre rôle. Et un nouveau jeu de redémarrer…

Envisageons la question en endossant, tour à tour, chacun de ces rôles.

Le rôle de victime consiste à plaider l'irresponsabilité notoire en sorte que l'autre aurait mauvaise conscience à nous accabler. On parlera de victime si la personne prend prétexte d'une faiblesse ou d'une infirmité réelle ou supposée pour se soustraire à ses responsabilités. Le procédé est ambivalent : il culpabilise à la fois pour faire taire la critique et pour appeler à l'aide. Cependant le jeu existe pour lui-même, il n'est pas destiné à garantir les intérêts du joueur.

La faiblesse, si ce n'est la misère, exprimée dans ce rôle déclenche tantôt l'impatience ou l'irritation de certains, qui deviennent alors persécuteurs, tantôt la commisération ou la pitié d'autres qui peuvent, eux, se retrouver avec les attitudes du sauveur. À moins que cela ne suscite une surenchère dans le malheur et la complainte, à laquelle participent de nombreuses victimes.

Le rôle de persécuteur consiste à exploiter une occasion favorable pour accabler en toute impunité celui qui a failli. Il s'agit de profiter de l'immunité morale conférée par une erreur manifeste de l'autre dans laquelle on n'a eu aucune part. À ce moment, dans le rôle du persécuteur, on s'intéresse davantage au fait que l'autre se trouve entièrement à sa merci et que l'on peut se venger des humiliations passées qu'à la poursuite de ses objectifs personnels. Les représailles se caractérisent par leur disproportion.

N'est-il pas tentant de se réfugier dans l'irresponsabilité quand reproches et colères déferlent irrépressiblement ? Se faire victime, y a-t-il meilleur havre de paix et de sérénité ?

On peut tout aussi bien réagir différemment : l'injustice de ces propos vengeurs ne demande-t-il pas que sans tarder le sauveur vienne au secours de l'innocent sans défense, ou qu'un autre persécuteur lève son glaive pour bouter ce salaud hors de notre vue ?

Le rôle de sauveur consiste à trouver du mérite dans l'aide ou le secours. L'autre n'est intéressant qu'autant qu'il se prête à l'accomplissement d'une aussi noble mission. Le paradoxe réside en ceci que l'aide efficace risque de priver le sauveur de son protégé. Heureusement (!), celui-ci ne manque généralement pas de contester certains conseils ou d'exprimer doutes et scrupules, ce qui permet au jeu de se poursuivre. Jusqu'au moment où, impatienté par le refus d'aide, le sauveur va changer de rôle. Il pourra devenir persécuteur « Ça n'est pas étonnant que vous soyez toujours empêtrés dans vos soucis, vous ne méritez pas mieux… » ou victime « Comment voulez-vous qu'un type comme moi puisse vous aider ? »

Autour de la défense du démuni, il n'est pas rare de trouver plusieurs sauveurs en compétition, chacun étant persuadé qu'il est le plus à même de conduire l'autre sur la voie du salut. Ils seront peut-être interrompus et bousculés par le persécuteur qui peut craindre de ne plus trouver de justification à sa présence si on le prive de sa victime.

Dans l'exemple qui ouvre ce chapitre, le processus des échanges obéit aux étapes suivantes :

1. Appât – 2. Point faible – 3. Réplique – 4. Coup de théâtre – 5. Moment de confusion – 6. Morale de l'histoire.

Nous avons ici une modélisation des multiples jeux psychologiques qui vicient les relations.

La formation du négociateur développe donc les capacités à :

• apprendre à décrypter les situations piégées ;

- se préparer aux coups de théâtre qui plongeraient dans la *confusion* ;

- adopter une attitude *ortho*.

Un exercice, en fin de chapitre, sera le bienvenu.

Indicateurs de la relation piégée

Chacun d'entre nous s'est déjà fait manipuler.

Pouvons-nous apprendre de l'expérience ?

Incontestablement oui, nous apprenons et pouvons régulièrement nous féliciter de ne plus être « tombés dans le panneau » !

Reconnaissons, toutefois, que l'expérience dans ce domaine n'est ni toujours explicite ni mobilisable à souhait. Cela fonctionne un peu comme la madeleine de Proust : à des situations particulières sont associées des impressions diffuses. La conséquence néfaste d'une rencontre avec quelqu'un, associé inconsciemment par expérience à une personne manipulatrice, nous est signalée par un vague état d'anxiété (picotements, élancements, rougeurs, pâleurs, bouche sèche, crampes d'estomac, nausées, vertiges, lassitude, difficultés à respirer, tachycardie…). On réagit alors instinctivement, en adoptant une attitude qui nous a déjà servi par le passé en pareille situation, ou bien en innovant un comportement.

On dit souvent de certaines situations qu'elles nous ont « marqués ». Nous ne croyons pas si bien dire. A. R. Damasio, professeur et directeur du département de neurologie de l'université de l'Iowa, appelle « marqueurs somatiques » ces signaux d'alarme. Ils résultent d'un triple lien entre :

- les signaux qui correspondent à des perceptions de certains types de situation ;

- les différents types d'états du corps qui ont été associés à ces situations en fonction du vécu propre de la personne ;

- les réponses motrices et chimiques et les signaux au système viscéral.

Nous disposons donc de systèmes d'appréciation des conséquences possibles qui fonctionnent hors du contrôle de la conscience et qui viennent des régions sensibles du corps. Nous possédons une sorte de cartographie physiologique d'impressions et de sentiments, comme nous disposons d'organes pour voir ou entendre. Les impressions ne tombent pas du ciel, elles n'appartiennent pas nécessairement à la seule « intuition ».

Les détecteurs de bombe à retardement

Tout au long de la négociation, ces signes seront des balises, des indicateurs d'une relation piégée.

Encore faut-il que nous y soyons attentifs et que nous leur donnions une place, parmi d'autres informations. L'idéal serait que nous soyons en mesure de les sélectionner naturellement. Généralement, nous les négligeons, dans notre volonté candide de ne pas émousser notre réactivité et d'être fort.

Négocier, comme nous allons voir, demande d'être à l'affût de tout ce qui vient de l'autre, de soi-même ainsi que du processus même de la relation.

Revenons aux signaux « physiologiques » évoqués plus haut. Ils s'accompagnent bientôt d'émotions, d'états d'esprit, d'attitudes et d'envies qui peuvent occuper notre conscience et dicter notre conduite, avec l'autorité qu'une solution unique peut inspirer.

Non décodés et donc non intégrés, ces signaux nous parasitent. Nous apprendrons dans le chapitre V à considérer ces signaux comme faisant partie de processus dont la première expression est l'émotion. Celle-ci, pour autant qu'elle soit identifiée, comprise et apprivoisée, peut inspirer des solutions intelligentes et créatives.

Dressons ici la liste de quelques états par lesquels nous passons très naturellement dans les relations difficiles.

Au premier chef, ils avertissent que nous risquons d'entrer dans un jeu psychologique ou bien que nous y sommes déjà.

Être sans voix (récit n° 1). Faire semblant qu'on n'a pas vu ou entendu un mensonge ou une injure et sourire pour amadouer (récit n° 2). Être en train de se battre sur une multitude de fronts. Se sentir peu intéressant, incapable, humilié, perdu (récit n° 13), bête, inutile, vide, engourdi, floué (récit n° 6), trahi, sans espoir, moins que rien (récit n° 12), terrorisé, jaloux, maladroit, nerveux, confus, coincé (récit n° 11). Envie de punir, de terroriser (récit n° 14), de se bagarrer, de railler (récit n° 3), de menacer, d'abandonner (récit n° 8). Plaisir de la blessure ou de la confusion de l'autre. Certitude d'avoir raison. Irritation à l'idée de devoir dépendre de quelqu'un qui n'en vaut pas la peine (récit n° 7). Malaise dans le conflit. Horreur de gêner, de demander, de devoir négocier. Vouloir faire plaisir. Méfiance des flatteries…

Le plaisir inattendu de l'échange (récit n° 8) ou de la réussite peut troubler et ne pas cadrer avec nos représentations et donc nos attentes.

Comment étouffer dans l'œuf le désir de remplir le vide laissé par l'indignation, la stupeur, l'humiliation, la colère et la tristesse ? Un instant de plus et il est trop tard. Et voici que la relation se réduit à des échanges d'insinuations ironiques, perfides, culpabilisantes, plaintives, rédemptrices ou sacrificielles… C'est le marché de l'offense, de l'injure, de la menace, des coups… avec une implacable réciprocité. Le conflit est le glissement imperceptible ou rapide d'une réciprocité (l'attention) à une autre (menace, déni, indifférence).

Pour échapper à la responsabilité du conflit, il suffit, pensons-nous, de renoncer à l'initiative de celui-ci. Mais cette initiative, personne ne se voit jamais la prendre.

Les illusions sur les causes du conflit nous rassurent sur notre innocence et justifient nos plaintes.

Prendre une décision, c'est faire des choix, c'est-à-dire éliminer des options. Il n'en va pas toujours de même dans le feu de la négociation, quand, par exemple, les marges de manœuvre semblent nous faire défaut.

Il est donc utile de disposer d'outils de secours.

Pour qu'ils ne soient pas des trucs ou des recettes miracles, nous allons nous donner les moyens de mieux utiliser l'intelligence de nos émotions.

Nous aurons appris à devenir un artisan qui compose lui-même ses gestes sur-mesure.

Se préparer aux coups de théâtre

1. Identifiez le rôle (sauveur, victime ou persécuteur) joué dans ces « coups de théâtre » :

a) « Cette fois, vous êtes démasqué, imposteur ! »

b) « Que pouvez-vous espérer de quelqu'un qui n'a pas la chance d'être membre du comité stratégique ? »

c) « Je voulais seulement vous aider. »

d) « Ça n'arriverait pas si je n'avais pas été malade. »

e) « Après tout ce que j'ai fait pour vous ! »

f) « Pourquoi ne faites-vous pas un effort ? »

g) « Vous voyez bien que même un spécialiste comme vous n'est pas capable de régler ce problème ! »

h) « Vous savez ce qu'on dit de vous ? »

i) « Si seulement l'information circulait, je n'aurais pas été obligé de vous déranger. »

j) « Vous ne devriez pas parler ainsi à quelqu'un qui n'a pas eu la chance de fréquenter une grande école. »

k) « J'espère que cela vous servira de leçon ! »

l) « À votre place il y a longtemps que j'aurais été me plaindre ! »

m) « Couillon que je suis, ça n'arrive qu'à moi ! »

n) « Si vous n'êtes même pas capable de lire un compte d'exploitation... »

2. Observez comment il serait naturel de répondre à votre interlocuteur par un rôle et comment le jeu se poursuivrait.

3. Imaginez pour chacune de ces phrases trois réponses différentes, une par rôle puis l'attitude « ortho » appropriée.

Inscrivez vos réponses dans le tableau des pages suivantes :

	Rôle S*, V* ou P*	Réponse S	Réponse V	Réponse P	Réponse ortho
A					
B					
C					
D					
E					
F					
G					

	Rôle S*, V* ou P*	Réponse S	Réponse V	Réponse P	Réponse ortho
H					
I					
J					
K					
L					
M					
N					

*S : Sauveur ; V : Victime ; P : Persécuteur

Le négociateur doit pouvoir échapper aux jeux et aux rôles qu'inévitablement ils appellent, afin de maîtriser la situation.

Présentons sans plus tarder quelques pistes « ortho » qui permettent de sortir de ces jeux funestes.

D'autres parades pour esquiver ou pour désamorcer les négociations tronquées seront plus largement présentées dans le prochain chapitre.

Désamorçage de la victime : « Que pouvez-vous espérer comme amélioration, d'ici un mois ? Ou dans une autre fonction ? Ou avec d'autres partenaires ? »

Désamorçage du persécuteur : « Maintenant que vous me le montrez de cette façon je comprends mieux. »

Désamorçage du sauveur : « Je vous remercie de l'attention que vous portez à ma question. »

Chapitre V

Besoins et Émotions

Le besoin est une construction sociale

Dans toutes les méthodes de négociation, la recherche des besoins de l'autre est centrale.

Mettons à jour ce lieu commun, le besoin.

Il est banal d'entendre : j'ai besoin de sports d'hiver, j'ai besoin de respect, j'ai besoin de neuf, de confort, de calme, d'un meilleur prix, d'un service de qualité, d'une augmentation de salaire…

Exprimer un besoin, c'est raconter l'histoire d'une force innée, modulée par l'influence du milieu et renforcée ou inhibée par l'expérience.

Nous estimons prometteur et fécond pour le négociateur d'approfondir nos hypothèses précédentes sur l'imitation pour travailler sur les processus sociaux de production des besoins. Spinoza et Girard nous font apparaître les besoins pour ce qu'ils sont : mimétiques, car ils portent sur des objets que d'autres désirent également.

D. Kahneman, prix Nobel d'économie 2002, a démontré que, dans la poursuite de leurs intérêts, les individus raisonnent le plus souvent de manière comparative et non absolue. Il n'est pas loin de répéter, après Baudrillard, que le besoin est une construction sociale. La société inspire les besoins dont elle a besoin.

Il est temps que le négociateur se débarrasse du catéchisme de la pyramide de Maslow[1] pour qui les besoins sont ordonnés de façon hiérarchique, du besoin de survie au besoin de réalisation de soi.

Les travailleurs sociaux observent parfois que la population du quart-monde, dès qu'elle bénéficie d'une aide pécuniaire, peut se presser d'acheter, non immédiatement de quoi se nourrir, se vêtir, se chauffer, mais de quoi regarder un DVD… « On sait que ce sont les plus défavorisés qui gaspillent de la façon la plus irrationnelle. » (Baudrillard)

Le besoin de survie lui-même n'est pas fondamental, nous en voulons pour preuve les kamikazes et les auteurs d'attentat-suicide. Lorsque le système l'exige, il peut obtenir des hommes qu'ils s'en dépouillent.

Le besoin est une force qui nous constitue et nous anime. Mieux : il est une résultante, une expression sinon un point de cristallisation du contexte social et des représentations collectives.[2]

Le besoin est une construction sociale. Il est essentiel, pour l'entrevoir, de pouvoir comprendre comment se détermine le groupe auquel la personne se compare et se réfère.

La question : « Quels sont les besoins de mon interlocuteur ? » gagnera en pertinence si elle s'inverse : « Quels besoins ont mon interlocuteur ? » Sans oublier : « Par quels besoins suis-je moi-même enrôlé ? »

Quand le besoin est une illusion

L'indifférence que l'interlocuteur manifeste à l'endroit de ce que nous sommes ou représentons peut déclencher en nous, sur-le-champ, un besoin de reconnaissance dont la satisfaction n'a pas de

---

1. A. Maslow, *Vers une psychologie de l'être*, Fayard.
2. J. de Munck parle de « l'institution sociale de l'esprit ». *Nouvelles approches de la raison*, PUF, 1999.

prix. Plus une chose est inaccessible et plus elle semble désirable. Pourtant, une fois l'objectif atteint, ne reste en bouche qu'un goût de cendres. L'insatisfaction fait place à l'ennui.

Schopenhauer trouvait que l'homme oscille en permanence entre la souffrance et l'ennui. Le désir entraîne la souffrance et la satiété entraîne l'ennui.

Nous pouvons souvent nous aliéner à un besoin qui n'est qu'une image. Le renoncement peut, alors, être un moyen d'accéder à la liberté.

Lors de la négociation, comme dans la séduction, feindre l'indifférence est un stratagème fréquent, et payant.

Le lecteur en trouvera des illustrations au chapitre VI, dans les versions de décryptage des récits n° 2 et n° 10 : quand l'indifférence de l'interlocuteur à notre égard génère des besoins.

Les besoins sont en mouvement permanent

Ces besoins, même correctement identifiés, ne devraient cependant pas être seuls à dicter notre tactique. Spinoza nous rappelle « qu'ils varient suivant la disposition variable d'un même homme et s'opposent si bien les uns aux autres que l'homme est traîné en divers sens et ne sait où se tourner ».

D. Kahneman et V. L. Smith, également prix Nobel d'économie 2002, ont introduit une variable d'irrationalité dans les calculs, les jugements et décisions de la personne en situation d'incertitude. Ils ont mis en évidence que l'homme est incapable d'analyser complètement des situations de décisions complexes, en particulier lorsqu'il est aux prises avec des incertitudes, se contentant alors d'estimations. Nous avons déjà évoqué cela dans les pièges du raisonnement (*cf.* page 56).

Le besoin, à l'instar de « la mode, c'est ce qui se démode » (Jean Cocteau).

Il ne faut pas à toute force vouloir satisfaire un besoin. Mieux vaut prendre acte de sa volatilité, comme l'on dit pour les valeurs boursières.

L'identification du besoin n'est que le point de départ de la négociation, un point de repère d'une croisière qui ira de besoin en besoin.

Identifier les besoins qui animent la relation, au cours de la négociation

Nous suggérons ici une *check-list* dans le but d'élargir et de dynamiser le champ des représentations. Elle est inspirée de Henry Murray[1], le concepteur du test projectif « thematic aperception test » (TAT), qui voyait dans sa liste « pas plus qu'un plan grossier… capable de guider la perception… ».

Besoin d'affiliation

Il s'agit de former une synergie, un rapport mutuellement agréable et durable de coopération harmonieuse et de réciprocité avec une autre personne. Cela se traduit par la recherche de la confiance, de la bonne volonté, de la sympathie et du naturel.

Besoin de subordination

Ce qui importe, c'est d'admirer et d'appuyer quelqu'un que l'on trouve supérieur. D'estimer, d'honorer, de louer, de suivre un exemple, de se conformer à la coutume, de se livrer avec passion à l'influence d'un allié. Accepter la direction de quelqu'un de plus expérimenté, se consacrer à un idéal sont les ressorts psychologiques fondamentaux de l'individu qui éprouve un tel besoin. Tel Cocteau à Diaghilev, il exhorte : « Étonne-moi ! »

---

1. *Exploration de la personnalité*, PUF, 1953.

© Éditions d'Organisation

Besoin de protection

Il s'agit ici de donner sa sympathie, de combler les carences de quelqu'un qui manque de ressources, qui est fragile, désemparé, fatigué, inexpérimenté, humilié, solitaire ou en danger. Consoler, réconforter, être nourricier, compatissant, protecteur, bienveillant, voilà la passion de qui l'éprouve.

Besoin de secours

L'individu mû par un tel besoin attendra toujours de l'aide. Il cherchera à être soutenu, supporté, entouré, protégé, conseillé, guidé, consolé, pardonné.

Besoin d'évitement de la souffrance

La souffrance dont il est ici question concerne la douleur, les dommages physiques, la maladie. L'individu veut fuir une situation dangereuse. Prendre des mesures de précaution. Il sera circonspect, hésitant, prudent, vigilant, restera en retrait, fuira, se cachera. Il évitera les dangers naturels (feu, tempêtes, inondations), les animaux, les accidents, la brutalité ou les infections.

Besoin d'évitement de l'infériorité

Ce besoin a de multiples visages : éviter les situations qui pourraient conduire à une dégradation du respect de soi, éviter l'humiliation, se défaire d'une situation embarrassante ou échapper à des conditions qui pourraient conduire au mépris, à la dérision ou à l'indifférence des autres. Il peut conduire à se retenir d'agir par crainte de l'insuccès, du rejet. Il se caractérise par l'évitement de la compétition, des épreuves de force, ainsi que des auditoires critiques ou dédaigneux. Se garder de l'anxiété, de l'embarras, de la nervosité, de la honte ou des remords… complète la gamme des attitudes qu'il favorise.

Besoin d'évitement du blâme

Il se caractérise par le besoin d'éviter la possibilité d'une punition, d'une sanction sociale ou du rejet. L'inhibition des impulsions, des envies, des projets non conformes aux règles sociales est fréquente. De même que le souci de ne rien faire qui puisse ennuyer, contrarier ou aliéner les autres.

Besoin d'inactivité, de passivité

Ses déclinaisons sont bien connues : se reposer, flâner, méditer, rêvasser, accepter le sort, laisser l'initiative aux autres, se relâcher, choisir de ne rien faire.

Besoin d'isolement

L'individu qui éprouve ce besoin aura tendance à vivre, travailler, jouer à distance des autres ; se protéger d'eux par des murs. Il aime être seul ou avec quelques personnes de choix.

Il a besoin de solitude, de silence et de discrétion. Il garde sa vie intérieure pour lui.

Besoin de mortification

Il se traduit par une attitude de soumission passive et satisfaite à une force supérieure. L'individu est humble en toutes circonstances. Se rendre, se résigner à son destin, admettre l'infériorité, l'erreur ou la défaite, c'est là son lot quotidien. Il veut expier par une juste punition.

Besoin d'agression

Sans doute l'un des besoins qui pousse le plus à l'action. On peut dresser la liste des comportements qu'il induit. Surmonter brutalement une opposition insupportable. Combattre. Venger une humiliation. Attaquer. S'opposer avec force ou punir. Dénigrer.

Maudire. Ridiculiser. Déprécier. Taquiner. Torturer. Harceler. Blâmer. Détruire. Ironiser. Affirmer brutalement.

Besoin d'autonomie

L'individu qui ressent ce besoin voudra se libérer, secouer les contraintes, résister à la coercition et à la restriction. Il évitera ou désertera les activités imposées par des autorités ou des groupes organisés. Il n'aura de cesse d'être indépendant et libre d'agir selon ses vœux, sa façon de voir, de comprendre, de sentir, de faire, le tout à son rythme, en dehors des normes établies et des conventions. Il cherchera à se défaire des liens qui l'entravent.

Besoin de domination

Il s'agit de contrôler, d'influencer, de diriger le comportement d'autrui, par suggestion, séduction, persuasion ou commandement. On voudra dissuader, empêcher, défendre, ordonner, amener autrui là où l'on veut. Convaincre de la justesse de ses propres opinions ne suffit pas : rien n'est plus doux que d'imposer des principes ou des règles.

Besoin d'exclusion

Il se caractérise par la volonté d'expulser, d'abandonner, de rabrouer, de décourager, de demeurer indifférent. Il pousse à rechercher une attitude dédaigneuse, méprisante, sceptique, soupçonneuse ou méfiante. Mû par un tel besoin, on ne peut que se montrer très critique dans le choix de son entourage et très exigeant à son égard. Chasser, licencier, rompre, excommunier font partie des procédures courantes.

Besoin de réaction

L'important est de maîtriser ou de surmonter un échec par une nouvelle tentative. D'effacer une humiliation en recommençant l'action. De dominer la faiblesse et de réprimer la peur. D'effacer un déshonneur par l'action. Ce besoin conduit à chercher des obstacles et des difficultés à surmonter afin de maintenir l'amour-propre à un niveau élevé.

Besoin d'accomplissement

L'individu qui éprouve ce besoin cherchera à accomplir quelque chose de difficile, aussi rapidement, bien et indépendamment que possible. Il voudra surmonter les obstacles et atteindre une position élevée, accroître l'opinion qu'il a de lui-même par l'exercice heureux de son talent. Exceller est sa passion.

Besoin de reconnaissance

Être reconnu et approuvé dans la définition de soi-même, de son identité, quoi de plus gratifiant ? Le fait d'être reconnu comme tel, sans confusion ni méprise est ce qui motive notre homme. C'est la racine de la socialisation.

Besoin d'exhibition

Lorsque l'on est mû par ce besoin, on veut faire impression. Être vu et entendu. Étonner, fasciner, divertir, choquer, intriguer, amuser, se mettre en lumière, produire de l'effet. On se réjouit d'être sur le devant de la scène. L'identité est théâtralisée.

Besoin de jeu

On trouve beaucoup de ces personnalités hautes en couleur qui aiment agir pour s'amuser aussi bien au cours des temps libres qu'au cours des temps de travail. Elles ont l'impression qu'une journée où elles n'auraient pas ri est une journée de perdue. Elles se saisissent de toutes les occasions propices à la gaudriole ou aux galéjades. Le jeu n'est pas dirigé volontairement vers un but défini. Il s'agit simplement de faire des plaisanteries, d'apprécier l'humour.

Besoin de sensations

L'individu est un esthète, c'est-à-dire qu'il place la beauté au sommet de son échelle de valeurs. C'est un sensuel. Il aime à solliciter les organes des sens et prend plaisir au mouvement, à la vitesse, à la perte ou au changement de repères, au sport ou à l'exercice physique.

Besoin de défense

Il se traduit par une vigilance extrême et une attitude défensive. Il ne s'agit pas seulement de défendre un territoire, un bien, une croyance, un groupe social ou une théorie, mais de *se* défendre verbalement, de se hérisser face à la critique. Hausser les épaules, trouver des excuses, rétorquer, interpréter les remarques inoffensives comme des injures, cacher ou justifier un échec, les distorsions induites par ce besoin sont nombreuses.

Besoin d'ordre

Il connaît de multiples déclinaisons : mettre les choses en place, structurer le temps et l'espace, assurer la propreté, l'organisation, l'équilibre, la précision, la bonne tenue. Il conduit à attribuer un lieu particulier pour chaque chose, à être exact et précis en parlant ou en écrivant.

Il pousse également à adopter une progression ordonnée et prudente. Le contrôle des émotions, le dégoût du désordre en sont les indispensables adjuvants.

Besoin sexuel

L'individu éprouvant ce besoin formera et développera un lien érotique. Il n'hésitera pas à faire des avances, à draguer, à séduire, à flirter. Jouir de la compagnie de l'autre est son but. Il a besoin de désirer la personne choisie. Tout, pour lui, est dans l'échange des sentiments, des idées, des regards, des gestes, des mots ou des silences.

Besoin d'information, de connaissance

Il s'agit d'explorer, d'examiner, de scruter, d'écouter, de poser des questions, de faire de nouvelles expériences, juste « pour se rendre compte », d'expérimenter, de développer, de manipuler…

Besoin spirituel

Notre homme cherchera, méditera autour de croyances, de valeurs, de sens, d'objets indéterminés, non spécifiques, n'appartenant ni à la nature sensible ni au monde matériel. Il se livrera à des exercices pour accéder à de nouvelles sphères de connaissances sur le monde, son origine, son devenir ou sur la place et le destin de l'homme ou sur le sens de la vie.

Les émotions ont mauvaise réputation

Dans le monde professionnel, montrer ses émotions, c'est dévoiler ses faiblesses. En les divulguant, on se constitue en proie pour les manipulateurs. À moins que l'on ne manipule soi-même…

Le désordre qu'elles pourraient provoquer a inspiré des stratégies de régulation pour protéger les normes sociales. Neutralisées par des rituels, canalisées par des services et des spécialistes en communication, les émotions sont réservées – si ce n'est parquées – au monde privé, artistique ou médical.

Une bien ancienne et persistante tradition philosophique et scientifique a maintenu cette méfiance envers les émotions.

Sur la trace de Spinoza, et à l'encontre de Descartes, A. R. Damasio[1] démontre, par les découvertes les plus pointues de la neurobiologie, comment les émotions déterminent nos décisions les plus… rationnelles.

Les émotions intelligentes

Les émotions sont des signaux. Ils nous disent qu'il se passe quelque chose qui requiert attention et action. Elles sont une source d'information sur la nécessité d'intégrer de nouvelles données et, parfois, de (re)négocier des modalités d'échange.

Qu'est-ce qui a déclenché l'émotion ? À quelles circonstances celle-ci est-elle associée ? Passé, présent, futur sont passés en revue et peuvent influencer le raisonnement et la prise de décision. Pour assurer les échanges avec notre environnement, nous disposons d'un système performant de veille et de régulation.

Notre cerveau est à l'affût des écarts entre les attentes et la réalité. En fait, nous n'avons pas un cerveau, mais deux. Le traitement de l'information rationnelle a pour siège le néocortex quand le limbique est le domaine des émotions. On appelle ce dernier le cerveau émotionnel.

Notre conscience, le néocortex, n'est qu'une fenêtre sur la réalité. En parallèle, le limbique surveille les informations fournies par des signaux physiologiques, les « marqueurs somatiques » dont nous avons parlé plus haut. S'il se passe quelque chose d'imprévu, une alarme se déclenche et envoie des instructions au système moteur afin de préparer l'organisme à l'action appropriée.

Le néocortex rend compte des relations de cause à effet, des relations entre les faits et les événements. Il apprécie les probabilités et

---

1. *Spinoza avait raison*, Odile Jacob, 2003.

anticipe. La vie ne serait qu'un univers logique et les prédictions ne seraient pas suffisantes pour estimer la valeur et l'attrait de ces événements si en complément il n'y avait un cerveau émotionnel pour apprécier ce qu'il est bon de rechercher et ce qui est néfaste, en sorte de l'éviter.

Les émotions n'existent pas en elles-mêmes. Elles sont encouragées ou proscrites par notre socialisation.

Elles participent à la régulation des relations.

L'émotion à cet égard peut être instrumentalisée ; elle sert tout à la fois à entrer en relation et à transformer la relation.

Une émotion naît le plus souvent de la satisfaction ou de la frustration d'un besoin. Quelles informations nous apporte-t-elle sur le ou les besoins dont la satisfaction est menacée ou empêchée ? Et de quelle manière peut-elle nous inspirer des réponses ?

A-t-on les moyens de satisfaire ses besoins ?

Une situation pénible peut valoir la peine d'être endurée si elle permet d'avancer dans la négociation. N'est-ce pas la base neurobiologique de ce que l'on appelle la volonté ?

L'identification et la compréhension des émotions enrichissent la capacité à anticiper et la créativité de nos démarches. Ignorer ou méconnaître une émotion appauvrit et cantonne nos regrets, nos révoltes, nos déceptions, nos jalousies, nos hontes dans des plaintes sans issue ou des manifestations revanchardes.

A. R. Damasio démontre que les émotions permettent de récolter de grandes quantités d'informations éparses pour inspirer des décisions requérant de la créativité.

Composer avec des émotions souvent laissées en jachère au cours de notre éducation et de nos formations constitue une compétence à part entière.

Nous avons mentionné plus haut (chapitre II) l'existence des trois registres de la communication : réflexion, émotion et action. Le négociateur sera bien inspiré d'identifier et de suivre le registre de son interlocuteur. Ses émotions demandent le même traitement que les nôtres.

L'erreur cartésienne consiste à croire que l'on peut raisonner une émotion. Rappelons-nous à chaque instant cette mise en garde de Spinoza : « Un sentiment ne peut être contrarié ou supprimé que par un sentiment contraire et plus fort que le sentiment à contrarier. »

Pour ne pas méconnaître nos émotions, il est important de les appeler par leur nom. Et en premier lieu, de prendre conscience que toute émotion se compose d'une ou plusieurs de ces cinq émotions de base : peur, joie, colère, tristesse et dégoût. La jalousie, par exemple, comprend de la colère et de la peur.

Familiarisons-nous avec les émotions de base.

Ensuite, cherchons à décomposer, pour mieux les comprendre, les affects les plus courants : perplexité, exaspération, ravissement, embarras…

La signification des émotions

La peur

Quelque chose menace notre survie ! Voilà l'un des signaux spécifiques que notre cerveau limbique envoie à notre conscience, le néocortex. À condition qu'il ait considéré le message, celui-ci peut poser les questions logiques : la survie de quoi, de qui, quand, où, quelle menace, de qui, pourquoi, comment, quelles conséquences, quels moyens de défense, à quel coût…

L'analyse fait prendre du recul et met la peur à distance, elle cerne un objet et des circonstances. Il s'agit peut-être d'une perte de repère ou d'appui connu ou attendu : en négociation, ce peut être une menace qui pèse sur un rapport de force, le risque à prendre une certaine ouverture, l'incertitude d'un avantage, etc.

La peur peut être l'expression d'un délitement intérieur ou extérieur. Elle surgit quand le sens vacille. Quand on a peur de ne pas se sentir à la hauteur, de décevoir ceux dont on doit défendre les intérêts, d'être aux prises avec plus fort que soi, d'être berné, etc.

Comment l'expression de la peur peut influencer la relation ? Considérons la question selon que la peur a été provoquée ou non par celle-ci.

Menacé dans sa survie par son partenaire, le négociateur peut fanfaronner ou se montrer d'une prudence excessive, se mettre en retrait ou bien exercer des représailles. Le partenaire, confus, peut éprouver de la culpabilité et vouloir se racheter.

Si la menace provient d'un facteur étranger à la relation, le partenaire peut vouloir en tirer profit, craindre la contagion, ou s'irriter de ce que le négociateur refuse la joute.

La colère

Le comportement de quelqu'un outrepasse nos limites ! Voilà le signal qui veut avertir la conscience qu'un mouvement vers ou contre le milieu environnant est nécessaire de façon à obliger la personne menaçante à se comporter de manière qui me convienne. Ce signal primaire demande à être dégrossi : de quoi s'agit-il, quelle est au juste la menace, celle-ci est-elle passagère ou durable ? Que veut dire « la manière qui me convient » ? Quels intérêts sont menacés ? Lequel de mes besoins en est frustré ? Besoin d'autonomie, de reconnaissance, d'agression, de domination, d'exclusion… Y a-t-il urgence ? Ce besoin ne peut-il être satisfait par d'autres voies ? La relation avec la personne est-elle seule à l'origine de la colère ? Quelle est ma participation à la nature de cette relation ? Comment pourrais-je m'y prendre autrement ? Mon intolérance à la frustration est-elle adaptée ? Quel bénéfice puis-je tirer de ce questionnement réflexif ? Le lieu véritable de la négociation se situe dès lors à l'intérieur de moi.

La colère permet d'imprimer un autre cours à la relation et, parfois, d'arriver à ses fins :

© Éditions d'Organisation

- si l'autre méconnaît ou met en doute notre compétence, l'expression de la rage l'invite à réagir ;

- si nous sommes empêchés de faire à notre manière, elle invite l'autre à réagir autrement ;

- elle est aussi un moyen de rétablir un rapport de force plus équilibré ;

- elle exhorte à se montrer plus exigeant avec soi-même ;

- elle peut sembler demander à l'autre des comptes.

Quoi qu'il en soit, l'expression de la colère s'inscrit dans la relation à l'autre : si je suis en colère, c'est à cause de lui ; si l'autre est en colère, c'est qu'il a quelque chose à me reprocher ; si je suis persuadé de mon droit, l'autre n'a pas le droit d'être en colère ; si ma colère est grande, l'autre finira par me donner ce que je veux…

Il y a là, comme pour d'autres émotions, quelques présupposés archaïques qui, de la petite enfance à l'âge adulte, ont résisté à la confrontation à la réalité.

La tristesse

Il y a un vide ; un lien significatif avec l'environnement est menacé ou rompu. Le signal douloureux peut inspirer notre conscience à remédier à un trouble identitaire. Il engage à examiner (comment, depuis quand, à cause de quoi) ce qui en est la cause : perte du lien, attachement, désir, dépendance, séparation ? Cela concerne-t-il un lien avec une personne, un lieu, une époque, une circonstance ? Quel besoin ce lien satisfaisait-il ? Besoin d'affiliation, de secours, de reconnaissance, de subordination ? Des moments ingrats de la négociation peuvent nous faire regretter de ne pouvoir nous appuyer sur une autorité ou de regretter d'en manquer nous-mêmes… la solitude du coureur de fond. Quelle est encore l'actualité de ces besoins ? Comment assurer leur satisfaction ? Comment remplir ce vide, et où chercher le réconfort ?

Recherchez dans la liste des besoins celui qui est menacé ou contrarié.

© Éditions d'Organisation

La joie

Maintiens ce qui est bon pour toi ! La conscience peut analyser ce signal dans l'ici et maintenant. De quoi sommes-nous débarrassés ? Qu'est-ce qui nous encombrait, nous limitait, nous gênait ? Quelles informations livrent ce moment de grâce, de légèreté ? Comment le prolonger, le reproduire ou le protéger ?

« Nulle part l'homme n'est en face de ses propres besoins. »[1] Conditionnés par les images sociales du bonheur et du plaisir, par les attentes et les normes ambiantes, entraînés dans la reproduction de ce qui a un jour été bon pour nous ou pour d'autres, nous en oublierions de chercher ce qui peut constituer nos sources personnelles de joie.

La joie s'inscrit souvent dans la relation avec les autres, pour le meilleur et pour le pire. Le meilleur dans des liens affectifs, amoureux et amicaux. Le pire dans la dépendance affective qui s'oppose à l'épanouissement.

L'autre qui échoue à être le partenaire de notre joie, ou cesse de l'être, peut devenir un obstacle pour nos autres quêtes. Il peut en aller de même quand l'autre doit être étranger à ce que nous vivons pour que nous accédions à la joie : rêverie, repos, paresse, silence, solitude, estime de soi, plaisir esthétique ou sensoriel, extase, spiritualité…

L'expression de notre joie peut éveiller de la jalousie, être tournée en dérision ou se trouver en concurrence avec un adversaire. Ceci est particulièrement vif lors de la négociation.

Le dégoût

Se fermer à ce que nous jugeons mauvais ou médiocre, rejeter ce qui pourrait nous souiller et nous infecter, s'écarter de ce qui, par son excès, est devenu repoussant ! La conscience peut conduire

---

1. Baudrillard J., « La genèse idéologique des besoins », in *Pour une critique de l'économie du signe*, Gallimard, 1972.

l'analyse de ce signal : qu'est-ce qui est dégoûtant ? Est-ce d'ordre sensoriel ou moral ? La fermeture à ce qui ne peut pas faire partie de soi est-elle ajustée ? Quels besoins sont-ils en jeu ? Besoin de sensations, de défense, d'ordre, de réaction, d'exclusion, d'évitement de la souffrance, d'isolement…

Quel est le degré réel de menace, quelle est l'urgence de se mettre hors d'atteinte de ce qui nous répugne ? Le risque de contamination est-il réel ? Quelles mesures nous mettraient à l'abri ?

Le comportement de l'autre est-il l'objet de notre dégoût ? S'agit-il d'un comportement inacceptable pour la morale, la justice, l'élégance, la loyauté, la fidélité qu'il souille ?

Le dégoût peut être celui de soi-même, de ce qu'on a fait ou de ce qu'on est tenté de faire, de ce que l'on est amené à devoir faire, de l'élan que l'on a perdu, de la forfaiture ou la félonie dont on a été victime ou acteur.

Désintérêt et lassitude nous conduisent à renégocier avec nous-même quand nous nous trouvons avoir franchi une limite physique, émotionnelle, morale ou éthique. Une renégociation de son rôle social est peut-être urgente. Repos, décompression, écoute ou actualisation de ses valeurs sont peut-être une étape utile.

Les émotions de base, dictionnaire

Voir tableau pages suivantes.

© Éditions d'Organisation

Peur	Colère	Tristesse	Joie	Dégoût
Craintif	Furieux	Austère	Heureux	Animosité
Terrifié	Rancunier	Endeuillé	Gai	Détestation
Phobique	Mécontent	Grave	Sympathique	Dédain
Troublé	Trahi	Ennuyé	Satisfait	Amertume
Incertain	Envieux	Déprimé	Plein d'entrain	Antipathie
Perdu	Sur la défensive	Terne	Ravi	Aversion
Démuni	Irritable	Abattu	Allègre	Blasement
Sur la défensive	Fâché	Humilié	Ouvert	Chagrin
Nerveux	Agressif	Désespéré	Optimiste	Déception
Harcelé	Hargneux	Malheureux	Léger	Découragement
Tendu	Jaloux	Isolé	Enjoué	Dépit
Tracassé	Provocant	Peiné	Confiant	Déplaisir

Peur	Colère	Tristesse	Joie	Dégoût
Tourmenté	Insatisfait	Nostalgique	Libéré	Désenchantement
Agité	Revendicatif	Détaché	Affectueux	Écœurement
Chancelant	Hystérique	Blessé	Amoureux	Ennui
Timide	Révolté	Négligé	Agréable	Haine
Paniqué	Sanguin	Désolé	Plein d'espoir	Éloignement
Inhibé	Agité	Morose	Joyeux	Exécration
Plein d'appréhension	Violent	Morne	Souriant	Honte
Angoissé	Excité	Léthargique	Jovial	Horreur
Confus	Sous pression	Découragé	Aimable	
En proie au trac	Agacé	Taciturne	En forme	Humiliation
Coincé	Dur	Honteux	Confortable	Lassitude
Désorienté	Critique	Affligé	Libre	Mélancolie
Dévalorisé	Sauvage	Embarrassé	Passionné	Mépris
Anéanti	Enragé	Fatigué	Décontracté	Mortification

Peur	Colère	Tristesse	Joie	Dégoût
Crispé	Exaspéré	Aigri	Enthousiaste	Nausée
Gêné	Froissé	Mal à l'aise	Chaleureux	Réplétion
Intimidé	Hostile	Abandonné	À l'aise	Répugnance
Méfiant	Choqué	Déçu	Calme	Répulsion
Timoré	Courroucé	Accablé	Reconnaissant	Sordide
Vulnérable	Défiant	Amer	Content	
Affolé	Fulminant	Assombri	Euphorique	
Alarmé	Suffisant	Chagrin	Détendu	
Effrayé	Indigné	Vaincu	Insouciant	
Épouvante	Irascible	Désabusé	Paisible	
Inquiet	Rageur	Rejeté	Exubérant	
Craintif	Impatient	Apathique	Amical	
Anxieux	Déchaîné		Reposé	
Insécurisé	Haineux		Réjoui	
			Radieux	

Les émotions et les muscles du visage, les *smileys*

L'émotion est souvent visible dans l'expression faciale. Celle-ci résulte de l'action de quarante-quatre muscles du visage.

Il faut encore y intégrer la manifestation de réactions végétatives : pâleur, rougeur, etc. ainsi que les autres signes du corps.

Mesurez votre intelligence émotionnelle

Attribuez une émotion ou des émotions mêlées à chacun des *smileys* ci-dessus. Réponses en annexe.

Exemples : F1 : envieux. B6 : intéressé. D10 : perplexe

Observer ce qui vous déroute

Nous avons vu plus haut la vitesse avec laquelle des marqueurs somatiques, véritables réflexes conditionnés, amorcent une réaction émotionnelle. Nous avons souligné combien il est important que celle-ci soit un message destiné à notre néocortex en vue d'une analyse critique.

Cet entraînement remplit une autre fonction cruciale pour le négociateur : éviter que les émotions ne s'emballent et induisent des comportements qui ne sont raisonnables qu'en apparence. Il s'agit de ne pas laisser de champ libre à l'émotion. Le négociateur repérera, par un travail continu, ses points sensibles qui, à peine sollicités, le mettent hors de lui. Quels sont ses *stimuli* conditionnés ? Comment faire pour ne pas en être la victime ?

La connaissance ne suffit pas. Une expérience d'identification de nos *stimuli* explosifs va compléter celle-ci. L'exercice, en fin de chapitre nous entraînera à une capacité importante, « contrôler nos nerfs ». Commençons, ici, par nous rafraîchir la mémoire. Plus loin, nous fournirons des clés de déconditionnement.

Vos *stimuli* conditionnés explosifs, vos marqueurs

Quant au cours de la relation avec votre interlocuteur, votre perception est :

- il se moque de vous, déprécie vos intérêts, rabaisse votre statut. Seuls vos défauts comptent pour lui ;

- il est sourd à ce que vous dites et vous saoule de paroles. Il cherche plus à accaparer l'attention qu'à conclure la négociation ;

- il vous tire les vers du nez, ne dit rien de ses propres positions ;

- il a l'air de chercher la bagarre, il est arrogant, hostile, vous êtes blessé et intimidé par ce qu'il dit ;

- vous n'avez pas de prise sur quelqu'un qui indique lui-même ses points faibles et se plaint de la situation dans laquelle il est. Il laisse entrevoir la difficulté dans laquelle il se trouvera en cas d'échec. Il est pesant et veut se faire porter ;

- vous n'avez aucune confiance dans cette personne qui n'a de cesse de jouer la comédie et d'essayer de vous manipuler ;

- vous êtes embarrassé par la passivité et l'inertie de cette personne qui vous fait porter la responsabilité de la situation conflictuelle ;

- il a l'air de ne s'intéresser à vous que pour spéculer sur vos faiblesses ;

- pour lui, il est nécessaire que les choses soient difficiles, que l'on côtoie le danger et le désastre. Le drame est le climat dont il a besoin pour se sentir fort, faire face, être imperturbable jusqu'au bout. Vous faites les frais de cette pression qui vous fatigue et obscurcit vos analyses, pendant que lui s'en trouve dopé ;

- vous craignez le côté dominateur et intransigeant de cet interlocuteur sûr de lui et de son bon droit ;

- il rit de tout, ne prend rien au sérieux et tout à la rigolade. Tout semble sujet à calembours et jeux de mots faciles. Vous ne voyez pas par quel bout prendre cette négociation ;

- il vérifie tout. Son regard perçant est en mouvement permanent. Sa recherche de perfection n'exclut rien, jamais. Lui-même ne se dispense pas de la critique. Il met autant d'application à se faire comprendre parfaitement que vous à l'écouter. Ses phrases sont interminables, structurées en paragraphes, complétées par de multiples digressions. Il a pensé à tout et tout est protégé contre l'erreur et le reproche. L'écoute devrait être studieuse mais elle devient fastidieuse. Il vous fatigue ;

- cela fait plusieurs fois que vous lui répétez des informations dont il ne tient pas compte. Vous ne voyez pas comment communiquer avec cet étourdi, cet hurluberlu ;

- vous avez devant vous quelqu'un en qui vous n'avez aucune confiance. Vous le trouvez faux, sans-gêne, odieux, déloyal et égoïste ;

- vous êtes envahi par cette personne qui veut fourrer son nez partout et s'ingérer dans vos affaires ;

- cet individu qui avait si facilement noué le contact a bien vite changé d'attitude. Il s'exprime sans précision, s'enquérant sans cesse de votre compréhension et de votre satisfaction. Dès qu'un conflit éclate, il se range à votre avis, avec un sourire gêné. Vous avez l'impression de saisir une savonnette ;

- il est mesquin, vous avez trouvé un accord satisfaisant pour tous les deux mais il poursuit le bras de fer sur des détails insignifiants et veut tout décortiquer. Ne baissera-t-il donc jamais la garde ? ;

- il vous fait la morale et condamne vos opinions. Il vous rend responsable de tous les maux ;

- il n'y a que lui qui compte. Vos intérêts sont ridiculisés, seuls les siens méritent le respect et doivent être épousés ;

- cette personne vous agace. Son discours va dans tous les sens. Elle parle, elle parle, ah voilà qu'elle va terminer sa phrase, vous allez pouvoir en placer une, las ! Au lieu d'aller dans les intonations graves, la voix s'élève vers l'aigu pour repartir, sans rien ajouter de significatif. Il n'y a pas de ponctuation, elle reprend son souffle au milieu d'une phrase et repart sans transition vers une autre idée. Ces commentaires chaotiques toujours avortés vous assomment ;

- il ne manque pas de reconnaître le bien-fondé de vos intérêts. Il se félicite de négocier avec quelqu'un de votre qualité. Vous aimeriez le croire. Il banalise ses propres intérêts. Tout ça est trop beau pour être vrai ;

- sa cause est à ce point juste et noble que vos intérêts s'en trouvent grossiers et vulgaires ;

- il émaille sa conversation d'évocation de personnes, d'endroits et d'évènements prestigieux. Progressivement, vous sentez votre présence déplacée et commencez à admettre que votre interlocuteur n'a pas intérêt à se compromettre avec un plouc comme vous ;

- il corrige l'imperfection de vos mots et de votre syntaxe. Il termine vos phrases sur un ton ironique. Il sourit en coin de vos hésitations. La répétition de vos arguments est mise au crédit d'une défaillance de votre mémoire. Vous bredouillez et trouvez difficilement vos mots ;

- il a l'air complètement indifférent non seulement à ce que vous dites mais aussi à ce qui vous réunit. Voix et gestuelle sont sans expression. Le regard est vide. Pas le moindre hochement de tête ou l'indice le plus ténu pour signaler un quelconque engagement dans la relation ;

- vous alliez conclure sur un accord quand votre interlocuteur affirme que vous allez trop vite en besogne et vous accuse de vouloir le berner, de dissimuler des intentions, de le prendre pour un naïf ;

- il communique par sous-entendus, prend plaisir à faire une montagne avec des riens, aime semer la zizanie entre les gens. Vos objectifs et vos intérêts changent de proportion, vous avez envie de faire le point. Mais pas avec lui ;

- il prend de la liberté dans l'attribution des mérites : exagère les siens, nie ceux des autres, notamment les vôtres. Son toupet vous coupe le souffle ;

- il prend sur lui de vous décrire cette face cachée du réel à laquelle vous n'avez pas accès ou dont vous n'avez même pas idée. C'est moins le fond des propos que leur ton qui vous donne cette impression déplaisante : emphatique, apprêté, cérémonieux, compliqué et déclamatoire ;

- il adopte des attitudes ostentatoires, il cherche à vous extorquer un compliment. Vous auriez plutôt envie de vous moquer ;

- à l'entendre, il serait au-dessus des règles communes. Il est dans la cour des grands, ne se salit pas les mains, n'a pas de temps à perdre avec vous. Vous sentez que vous ne représentez rien pour lui : vous n'êtes ni un allié, ni un ennemi ;

- votre attention est accaparée par une caractéristique physique de votre interlocuteur : il est très laid, très beau, il est sale, il zézaye, il bégaie, il a un tic, un strabisme ou une déformation… ;

- vous vous sentez pressé et bousculé par votre interlocuteur qui vous interrompt par de fréquents « bref », « au fait », « en définitive ». Il résume sommairement vos positions en les réduisant à des : « C'est oui ou c'est non, soyez concret ! » ;

- il utilise l'essentiel de sa grande expérience pour rendre la situation inextricable. Vous voilà à sa merci : il peut alors être le *deus ex machina*, celui par qui le salut arrive. Il jubile. Que l'issue de la négociation soit heureuse ou non est une question annexe pour ce « vieux singe à qui on apprend plus à faire la grimace ». Le conflit est une drogue ;

- « Si c'est tout ce que vous pouvez offrir ! » vous lance-t-il, le sourire en coin, le regard adressé au ciel. Et vous êtes déjà à la limite de votre marge de manœuvre… ;

- il argumente sur un terrain qui n'est pas du tout celui où vous estimez que le problème se pose. Vous réagissez. Il vous adresse quelques « oui, oui, » sans tenir compte de vos objections. Son inflexibilité s'exprime sur un mode si courtois que vous en êtes penaud et abandonnez la partie.

Quand vous vous trouvez en situation de…

- devoir négocier des points spécifiques et limités, sous un contrôle strict de vos mandants, sans aucune marge de manœuvre ;

- recevoir un mandat confidentiel qui interdit d'entrer en contact avec les vôtres, pour bénéficier de conseils, d'informations ou d'encouragements ;

- recevoir une mission qu'aucune routine, aucune expérience ne permet de préparer ;

- recevoir une mission opposée à vos propres principes ;

- recevoir un mandat peu clair ou contradictoire, sans disposer des moyens nécessaires pour le mener à bien ;

- vous voir confier un mandat tacite par des mandants qui ne sortiront de l'ombre qu'en cas de réussite ;

- mener une mission pour laquelle tant vos interlocuteurs que vos mandants ont intérêt, pour des raisons différentes, à ce que vous échouiez ;

- devoir mener à bien un mandat sans en avoir une vue d'ensemble et en recevant les objectifs au compte-gouttes ;

- devoir négocier dans des conditions physiques éprouvantes : fatigue, menaces corporelles, séquestration… ;

- négocier sous ultimatum agressif : représailles…

Dévitaliser vos réflexes conditionnés malencontreux

Nous vous invitons à réfléchir à ce que vous évoquent les quatorze récits de l'introduction.

Vous pourrez également enrichir vos réflexions des différents « *stimuli* conditionnés explosifs, vos marqueurs » (voir page 96).

À la lecture de ces nombreux exemples, vous ne pourrez pas toujours rester calme et impassible. Peut-être allez-vous parfois vous mordre les lèvres, vous ronger les ongles, déglutir, froncer les sourcils, sourire, serrer la mâchoire ou les poings ?

Vous pourrez enregistrer sur votre échelle de Richter les amplitudes de comportement et de réaction les plus grandes.

Vous allez mesurer le pouvoir que les situations exercent sur vous. Ou plus exactement le pouvoir que vous leur donnez, l'énergie consommée, les projets avortés, les résolutions ruinées, votre bon sens et vos atouts inexploités...

Notez les situations dans lesquelles vous avez du mal à faire quelque chose de bon.

Évoquez avec précision, pour chacune de celles qui sont critiques, une situation qui a provoqué une réaction émotionnelle.

Décrivez celle-ci et les effets physiques qui l'a accompagnée.

Identifiez l'émotion (voire le cocktail d'émotions) que vous avez éprouvée. Il peut être utile de vous rapporter au dictionnaire des émotions des pages 92-94.

Identifiez le moment précis, le détail, le mot, l'expression, le regard... qui ont mis le feu.

De quoi l'autre avait-il l'air ? (*Cf. smileys* page 95.)

De quoi pouviez-vous avoir l'air ?

Identifiez ce que vous vous êtes dit à ce moment.

Quels effets vos réflexions silencieuses ont-elles pu avoir sur vous-même, sur vos émotions en particulier.

Quels besoins étaient associés ? (S'aider de la *check-list*, page 78 et suivantes.)

D'où pouvaient bien venir ces besoins ?

Apprendre à les identifier accorde des marges de manœuvre pour négocier avec vous-même les modalités de satisfaction de ces besoins. Cela peut diminuer l'urgence d'en finir immédiatement avec une tension qui, somme toute, n'est pas si insupportable que ça… Un recul devient possible. Le renoncement, nous l'avons dit plus haut, peut être une des voies menant à la liberté.

Question non subsidiaire : comment pouvez-vous observer vos marqueurs somatiques et ceux de votre interlocuteur ?

	L'AUTRE			MOI		
	De quoi il (elle) à l'air ? (Exemple 5c)	Qu'est-ce qui le (la) pousse ? (Ses besoins)	Il (elle) est réjoui(e), Contrarié(e) ? (Ses émotions)	De quoi j'ai l'air ? (Exemple 7a)	Qu'est-ce qui me pousse ? (Mes besoins)	Je me réjouis, suis contrarié(e) ? (Mes émotions)
Récit N°						
Récit N°						
Récit N°						
Récit N°						
Récit N°						
Récit N°						
Récit N°						

	L'AUTRE			MOI		
	De quoi il (elle) à l'air ? (Exemple 5c)	Qu'est-ce qui le (la) pousse ? (Ses besoins)	Il (elle) est réjoui(e), Contrarié(e) ? (Ses émotions)	De quoi j'ai l'air ? (Exemple 7a)	Qu'est-ce qui me pousse ? (Mes besoins)	Je me réjouis, suis contrarié(e) ? (Mes émotions)
Marqueur N°						
Marqueur N°						
Marqueur N°						
Marqueur N°						
Marqueur N°						
Marqueur N°						
Marqueur N°						

Chapitre VI

Parades et stratégies de recadrage

Parades pour esquiver la relation piégée

Les divers jeux qui ne manquent pas de se jouer dans une négociation truquée demandent à être traités distinctement de l'objet premier de la négociation. Il s'agit prioritairement de négocier comment on va négocier et, pour ce faire, d'aborder les questions qui tiennent aux comportements que l'on veut s'interdire.

En cours de route, il peut être salutaire de surprendre et de dénoncer la manœuvre déloyale. Sans juger ni attaquer, dire fermement que l'on a vu le jeu.

Comment s'y prendre ?

Expulser la tension interne

Inspirer profondément pour reprendre le contrôle de ses émotions, libérer l'irritation et vous donner le temps de clarifier ce qui se passe.

Se confronter directement au problème

C'est possible en mettant au grand jour le jeu ou la manipulation :
« Je comprends que vous auriez préféré une autre solution et que
vous tentiez d'y revenir par un autre chemin. Je m'oppose à votre
procédé et vous invite à explorer ensemble d'autres voies. »

Informer sur vos limites à la malhonnêteté

« Ni vous, ni moi ne sommes des enfants de chœur et nous ne sommes pas ici pour un "jeu de la vérité". Il y a deux choses, cependant,
que je m'interdis : faire usage de faux et abuser l'autre sur la lati-
tude de mon mandat. Elles sont source de perte de temps et de confiance pour de futures négociations. J'entends bien que nous soyons
d'accord là-dessus. À défaut de quoi, ce n'est pas la peine de se
mettre au travail. »

Exprimer avec fermeté vos désaccords avec les procédés trompeurs

Sans jugement de valeur, sans critique, sans expression émotionnelle
ni attaque personnelle, on traitera seulement du procédé trompeur.
« J'ai l'habitude de vérifier les déclarations qui me sont faites ; com-
prenez-moi, il est naïf, en affaire, de prendre pour argent comptant
tout ce qui est dit. Nous nous reverrons après vérification. »

Neutraliser une menace

Celle-ci est efficace si celui qui la brandit vous met dans une situation où les conséquences dommageables échappent désormais à son
contrôle. Par exemple : « Si vous ne cédez pas, je ne réponds plus
de mes affiliés, ils sont devenus incontrôlables, vous les poussez au
désespoir, ils n'ont plus rien à perdre. Vous n'aurez qu'à vous en
prendre à vous-même. »

Parades possibles :

- menacer en retour, de façon plus sérieuse encore et, par là, plus crédible : « Mes patrons sont les mêmes, ils ont anticipé le risque de débordements et ont d'ores et déjà entamé des pourparlers avec un autre partenaire. » ;

- être inattentif à la menace ; ne pas la laisser prendre le dessus sur le fond de la négociation. En l'ignorant, elle paraîtra illégitime et son auteur pourra revenir sur ses dires sans perdre la face. Pour cela, il est important de traduire la menace comme s'il s'agissait d'un simple avertissement ;

- feindre de ne pas la comprendre ; prendre sur soi, observer le processus de la menace afin de comprendre pourquoi elle constitue rarement une solution dans une négociation. La menace ne demande que quelques mots, et, si l'autre mord à l'hameçon, on n'est même pas obligé de la mettre à exécution, à la différence d'une offre ;

- recadrer la situation avec une telle confusion que la menace en perd son pouvoir : tout est faux aussi bien que son contraire (voir récit n° 9, pistes pour l'action, page 139).

Refuser une menace

Celle-ci peut s'évanouir si le refus est inattendu et vient rompre le *modus operandi* de sa tactique. (voir récit n° 7, pistes pour l'action, page 135).

Juguler les exigences qui vont crescendo

Vous venez de régler une question, au prix d'une concession qui vous coûte et l'autre marmonne : « Bien, nous sommes d'accord, mais il reste un petit problème… » et ce n'est pas la première fois qu'il vous fait le coup.

Après lui avoir dit que vous avez remarqué son procédé, interrompez la négociation, sans commentaire ni signe de fébrilité. Réévaluez vos intérêts et vos positions dans la perspective de la renégociation des bases de la négociation. Reportez la conclusion d'un accord à la prochaine séance. Une fois ce principe accepté, vous pourrez davantage compter sur l'intérêt qu'il trouve à la conclusion d'un accord.

Contrer les exigences excessives

Nous invitons le lecteur à se reporter à la technique de « la porte au nez » présentée dans le paragraphe sur l'engagement page 42.

Les exigences excessives peuvent parfois être assimilables à un stratagème soit pour obtenir d'entrée de jeu une concession sur le fond, soit pour faire payer cher une concession ultérieure qui, en fait, ne coûtera rien.

La meilleure manière de s'y confronter est de faire de l'humour ou, si le cœur n'y est pas, de dire que vous n'avez pas de temps à perdre.

Cela passe aussi par se réserver une égale liberté de reconsidérer les points débattus si la réponse ou les informations sont évasives ou s'avéraient fausses.

Garder le contrôle

Quand on cherche à vous mettre mal à l'aise par des moqueries, en affichant une indifférence ostentatoire, ou par des tentatives d'abaissement de votre statut ou de celui de la négociation, un manque de ponctualité et des interruptions intempestives pour des broutilles…

Le risque de réactions impulsives de notre part est naturel mais doit être contrôlé. Le malaise peut inspirer des rôles de persécuteur et de victime, dont on sait qu'ils sont sans issue.

Pour éviter de se faire piéger par ses affects et développer le sens critique, l'attitude de distanciation, chère à Bertolt Brecht, sera cultivée. Susciter l'étonnement, provoquer un effet d'étrangeté, par exemple en introduisant des commentaires sur la négociation, en provoquant des dissonances dans le contenu ou la forme de vos interventions, en montrant que vous jouez, comme un comédien.

Une méthode qui a fait ses preuves consiste à livrer à votre vis-à-vis l'analyse froide des techniques de déstabilisation qu'il a initiées à la manière, par exemple, d'un critique de théâtre. Parions que les manœuvres retorses seront mises en porte-à-faux.

Sonder vos appréhensions et les exprimer

Si vous craignez les réactions de l'autre, partagez votre appréhension.

Savoir vivre le conflit

Vous devez annoncer aux syndicats que vous allez mettre en place des indicateurs de performance et réévaluer l'opportunité d'avantages acquis.

Option d'ouverture :

« Je veux négocier avec vous sur un sujet sensible. Je redoute vos réactions. Mon point de vue vous semblera inacceptable. Sur ce point nous sommes des adversaires. Cependant, pour adversaires économiques que nous sommes, nous pouvons chercher à rester des alliés sociaux, selon les besoins respectifs. Je crains que vous ne voyiez en moi qu'un représentant du libéralisme économique. Laissez-moi, pour commencer, vous exposer mon point de vue. Vos réactions seront dures, je le crains. Vous prendrez vos responsabilités, j'en suis sûr. J'espère que nous pourrons, ensemble, sauvegarder nos intérêts respectifs, malgré les difficultés que nos concurrents nous occasionnent. »

Parades pour sortir du piège

Envisageons maintenant les situations où vous êtes dans le piège du jeu. Et vous devez en sortir.

La réponse inattendue, par l'écoute active

Quelqu'un d'enragé, de frustré ou d'inquiet peut être soulagé de découvrir qu'on le comprend. Par l'écoute active j'écoute la totalité de ce que l'autre me dit, y compris des messages non verbaux. Soit. Mais de quoi s'agit-il exactement ? S'agit-il de donner la parole à ses opinions, à ses informations, à ses émotions ou à ses projets ?

- Vous semblez vouloir me dire que…

- Je comprends que vous vouliez…

- C'est bien comme si…

- Je me trompe peut-être mais je comprends que vous…

- Que dois-je comprendre…

- Comment voyez-vous la situation ?

- Comment aimeriez-vous que ce soit ?

- De quoi avez-vous besoin ?

- À partir de quand ?

Sans contredire, sans faire la leçon, l'écoute active se doit d'être authentifiée par l'harmonie du langage verbal et du langage non verbal.

Désamorcer la situation explosive

Vous venez d'exposer vos revendications qui remettent en question bon nombre d'avantages dont bénéficie votre vis-à-vis. Vous remarquez le raidissement de ses gestes ; le voilà même qui serre les mâchoires et pâlit. Il marque une pause, les yeux sont mobiles, sans vous regarder.

Et si vous disiez : « Je me trompe peut-être, vous êtes furieux, non ? » ou bien « J'aimerais connaître votre sentiment… »

Enquête négative

Il faut encourager l'autre à parler des comportements inacceptables pour lui. Dès lors qu'ils sont identifiés, je peux comprendre ce qu'ils ont d'inacceptables et envisager d'autres options.

- Je ne comprends pas, voulez-vous m'aider à comprendre ?
- En quoi n'est-ce pas satisfaisant ?
- Êtes-vous sûr que c'est « toujours », « chaque fois », « jamais » ?

Ne pas se laisser envahir par l'émotion

« C'est toujours la même chose avec les syndicats, ils ne cesseront donc jamais d'être irresponsables et dogmatiques ! »

Option de réponse : « Je ne comprends pas, voulez-vous m'aider à comprendre en quoi, lorsque nous refusons vos nouvelles dispositions sur le temps de travail, nous sommes irresponsables et dogmatiques ? »

Le questionnement

Cette parade consiste à traiter l'information, considérer les diverses possibilités, les alternatives, anticiper les conséquences.

Poser une question ouverte, dont vous n'avez pas la réponse, en rapport avec ce que l'autre a dit, en faisant en sorte que celui-ci puisse comprendre l'usage que vous pourriez faire de sa réponse.

La question ouverte réamorce la fécondité de l'échange.

Et l'humour ?

Le mot d'esprit s'adapte à ce qui se dit, ici et maintenant. Il souligne un moment unique en même temps qu'il montre à quel point l'auteur est présent à la négociation. Il confère du statut à l'échange.

L'écran de fumée

L'essentiel est de ne pas offrir de résistance, ni aucune prise tangible :

- reconnaître la réalité dans ce qui est dit et ignorer le reste. « Vous avez raison, j'aurais dû vous envoyer mon projet de convention avant notre réunion. » ;
- accepter la probabilité d'erreur ou de malentendu : reconnaître que la critique pourrait être vraie. « Il se peut que mes explications ne soient pas claires. »

De la sorte, on évite de heurter les valeurs de l'autre et l'on invite à la recherche de terrains d'entente.

Proposer des actions concrètes, claires, organisées

Il s'agit d'inviter l'interlocuteur dans un univers où il n'est pas nécessaire de ruser : l'action est visible, elle ne peut être manipulée comme les mots. Les actions sont identifiables et vérifiables. Se mettre à agir ensemble : marcher, rédiger, descendre sur le terrain, faire une partie de golf ou de tennis, boire un verre, déjeuner, etc. Ce registre est bien utile quand la négociation dérive dans le marasme ou s'enlise dans le sentiment d'impuissance.

Une question de temps

Prendre la mesure de la valeur du temps pour soi et pour l'interlocuteur

Le dictionnaire des mots du temps n'est pas universel.

Bergson a bien opposé le temps objectif au temps subjectif, la durée. Il peut être prudent de tenir compte de ce que représente, pour chacun et à chaque fois, un délai ou un retard. L'avenir peut être synonyme de progrès comme de perte.

© Éditions d'Organisation

Indépendamment des influences environnementales et situationnelles, il faut pouvoir composer avec les prédispositions comportementales de l'interlocuteur (voir le chapitre II, « le théâtre des échanges »). Ce dernier peut en effet nourrir la croyance selon laquelle toute action est « meilleure » si elle est exécutée en un temps bref. Aveuglé par ce préjugé, il se préoccupe avant tout de terminer la négociation. On comprendra sans mal qu'une telle impatience puisse nuire. Il sera utile avec cet interlocuteur de fractionner les travaux selon un planning étalé sur plusieurs séances. À l'issue de chacune d'entre elles, il serait bon de mesurer le chemin accompli.

Compter sur le temps quand le présent nous coince : reporter à plus tard une question épineuse

Le présent peut ne pas offrir les opportunités, les informations et les ressources dont on voudrait disposer. Notre horizon semble bouché. Il subsiste en nous l'enfant qui percevait la promesse du « quand tu seras grand, tu pourras… » comme un « jamais ». Cette survivance se trouve renforcée par l'injonction à l'urgence, qui est le propre des sociétés contemporaines. Le négociateur doit pouvoir composer avec les conjonctures changeantes et les bifurcations aléatoires.

Gagner du temps : un problème peut en cacher un autre

Il peut être utile d'utiliser la lenteur ou le report du règlement d'un problème lorsque cela permet de retarder l'échéance de la négociation d'un problème pour laquelle vous manquez d'atout.

Savoir perdre pendant que l'on prépare une réussite

Une négociation « perdue » peut retarder le moment d'une autre négociation aux enjeux bien plus vitaux pour laquelle, aujourd'hui, vous n'avez aucune chance de garantir vos intérêts, faute de solution de repli. Le temps gagné aura été utilisé à vous remettre à flot.

Questions à se poser pour prendre du recul, à l'occasion, par exemple, d'une suspension de séance

- À suivre toutes les pistes et vous perdre dans les détails, n'épuisez-vous pas ou n'impatientez-vous pas votre interlocuteur ?

- Vous ne prendriez pas la vedette, en vous attribuant tous ces mérites ?

- Le maquignonnage, la discussion d'un prix… C'est un peu vulgaire, non ?

- Votre entêtement n'est-il pas sans issue ?

- Votre invulnérabilité, votre froideur servent-elles (encore) vos enjeux ?

- N'êtes-vous pas sur le point de lâcher du lest, simplement pour en finir ?

- Votre recherche de la solution idéale n'occulte-t-elle pas l'existence, là, d'une option satisfaisante et accessible ?

- Vous moquer de l'autre ? Ça aide ?

- Laver d'urgence une insulte, être enlisé dans la rancœur, être momifié dans un sentiment d'injustice, vous sentir martyrisé par une attaque, n'est-ce pas ce qui vous occupe, exclusivement ?

- Fatigué que l'on vous prête des intentions malveillantes ?

- Lassé d'être testé par des attaques personnelles ?

- Gêné de sonder la susceptibilité de l'autre en affichant des prétentions excessives ?

© Éditions d'Organisation

Sortir de l'escalade de la violence

Un aveuglement toxique : l'imitation nuit gravement aux échanges

L'effet d'imitation s'exerce un peu partout, dans la plus grande discrétion. Tout au plus, le remarquons-nous, amusés, chez l'enfant. On accorde à l'imitation et à l'identification un rôle essentiel à son développement ; ce sont des opérations par lesquelles nous nous constituons et nous différencions en assimilant une propriété ou un attribut de l'autre. Chez l'adulte, généralement, on le méconnaît ou ne le concède qu'à ceux qui manquent de personnalité ou à ceux, mégalomanes, qui se prennent pour le centre du monde.

L'individualisme moderne nie le désir mimétique. Les individus que nous voulons être ont l'impression de ne plus imiter personne dès qu'ils s'opposent avec mépris ou indifférence à leur modèle. Le mépris du conformisme relève pourtant d'un processus similaire... L'absurde conformisme de l'anticonformisme... (J. Cocteau).

L'aveuglement au mimétisme provoque l'escalade : nous rendons coup pour coup : « œil pour œil, dent pour dent ». La méconnaissance de notre propre contribution à cet effet de miroir peut exagérer la responsabilité de la violence que nous attribuons à l'autre.

L'agressivité n'est pas nécessairement ouverte, ou même déclarée. Mot après mot, geste après geste, les contacts peuvent se détériorer, sans que personne ne se sente responsable. On équilibre la rivalité présumée de l'autre et, ce faisant, on l'éveille ou la renforce toujours.

Nous sommes nombreux à nous croire particulièrement pacifistes. L'initiative de la violence, personne ne se voit (presque) jamais la prendre.

Le souci de chacun pour son propre intérêt est impuissant à le garantir

La capacité de rompre intentionnellement avec le mimétisme de la violence d'autrui, de refuser de se laisser entraîner dans cette spirale, de recentrer le conflit sur l'objet premier de la négociation et de ne pas entrer dans une rivalité entre personnes est une compétence nécessaire à tout bon négociateur. Sa carence conduit à l'impasse et à la ruine des intérêts en jeu. Les exemples foisonnent : chacun des deux partenaires préfère compromettre toute possibilité d'aboutir à un résultat plutôt que de voir l'autre réussir. La politique de la terre brûlée n'est-elle pas la plus vieille manifestation de la rivalité mimétique ?

Le dilemme du prisonnier, classique du jeu à somme nulle, illustre ce point.

Un commissaire de police a appréhendé deux personnes A et B soupçonnées de vol à main armée. Il ne dispose, cependant, d'aucune preuve suffisante pour les traîner en justice. Il fait venir successivement les suspects et propose un marché à chacun. Il reconnaît que des aveux de l'un des deux suffiraient. À défaut, la seule charge que le juge pourra retenir contre eux sera le port d'armes prohibées, ce qui n'est passible que d'un an de prison.

Le commissaire leur fait respectivement la proposition suivante : si seulement l'un des deux avoue, le mouchard sera libre et l'autre fera dix ans de prison. Si les deux avouent, chacun écopera de cinq ans.

Les suspects ne peuvent communiquer entre eux. Que vont-ils décider ?

Théoriquement, la solution est simple : il suffit qu'aucune des deux personnes n'avoue pour que chacun ne purge qu'un an de prison.

Cependant, si l'on se met dans la perspective de chaque personne, la meilleure stratégie est d'avouer sa culpabilité. Voyons : si A avoue et B nie, A est libre, ce qui représente la meilleure issue pour lui. De son côté, si B avoue également, A aura été bien inspiré

© Éditions d'Organisation

d'avoir avoué, puisque, selon l'hypothèse, sa peine sera de cinq ans au lieu de dix ans.

Le même raisonnement peut être tenu pour B. Donc, si A et B prennent une décision « rationnelle », ils avouent l'un et l'autre et… chacun écope d'une peine plus lourde que s'il avait nié.

De nombreuses expériences dans lesquelles des sujets jouent les rôles A et B vérifient que l'aveu est la tactique la plus fréquente. Ceux qui adoptent la stratégie de la coopération et nient sont exploités par leurs partenaires.

Si dans les expériences, A et B peuvent communiquer le recours à la stratégie de coopération est plus fréquent.

Investir dans la relation

C'est de la relation que sortira la solution au conflit d'intérêt. Cela vaut bien un petit investissement…

Les fantasmes d'un monde dans lequel « une » justice immanente et univoque réglerait les différends ou dans lequel chacun serait raisonnable et s'efforcerait d'aboutir à un compromis de surface, sont des figures de fuite. Celles-ci occultent cette réalité : négocier ne va pas de soi.

Il s'agit de ne plus vouloir atteindre ses objectifs à tout prix et de travailler sur la relation elle-même. Cela permet de sortir du cercle vicieux pour regarder autrement les conflits d'intérêt.

La joute non violente, celle qui respecte, sur le fond, les droits de l'un et de l'autre, vise à créer les conditions d'une authentique négociation. Sans viser la réciprocité.

L'escalade dans les conflits se nourrit de ces phrases censées nous protéger, tant nous avons peur d'être la dupe : « Vous le faites bien, vous ! », « C'est vous qui avez commencé ! », « Je ne vais quand même pas me laisser faire ! », « Je ne suis pas la bonne poire ! »,

« Vous n'aviez qu'à ne pas faire ce que vous avez fait ! », « Et puis quoi encore, vous ne voulez pas aussi ? vous me prenez pour qui ? »

Ces phrases sont répétées, malgré nous. Ce sont elles qui nous mènent par le bout du nez. Un cours de morale, pas plus qu'une connaissance rationnelle n'ont raison de cette propension à la loi du talion. Il ne faut pas trop compter sur les bonnes résolutions ou les promesses vertueuses.

« Dès qu'un intérêt fait promettre, un intérêt plus grand peut faire violer la promesse. » (J.-J. Rousseau).

Recadrer

Le recadrage de la relation toxique s'inscrit, avec une connotation positive, dans le mouvement de l'interlocuteur. Pas contre lui. Il ne s'agit pas de prétendre « avoir compris la psychologie de l'autre », pour le manipuler. Cela n'appartient pas au domaine de la pensée magique.

Il n'est pas plus le coup fatal porté à un adversaire. Il ne s'agit pas de se montrer plus malin que lui.

Il évite d'exacerber le conflit. Il est destiné à amorcer un engagement dans un comportement de recherche de compromis (un « oui » ouvre la voie à d'autres « oui »), pas nécessairement sur l'objet de la négociation, mais sur la manière de traiter le conflit d'intérêts. Il mise sur une bifurcation, en sorte d'amorcer un autre processus, hors des sentiers de la rivalité mimétique.

Tout cela demande de la persévérance, de la cohérence et de l'empathie.

Négocier avec soi-même

Renoncer au désir de vengeance relève de la négociation avec soi-même.

Que me procure une négociation réussie à mon avantage exclusif quand elle risque d'hypothéquer mon futur ?

Le plaisir de la réussite comme la déception de l'échec laisseront une place à l'éventualité d'une prochaine négociation dans d'autres conditions plus ou moins favorables.

L'échec n'est que le nom péjoratif donné à l'expérience. Il invite au relativisme : on ne peut pas toujours gagner, quoique l'on doive perdre le moins souvent.

L'issue d'un conflit, négocié ou non, prend place dans la mémoire du passé et dans l'anticipation du futur. Cette issue pèse sur les prochaines décisions.

Face à l'imprévisibilité des changements, quoi de mieux que l'humour ?

Remettre son ouvrage sur le métier

Le développement des compétences de négociateur s'assure par la réflexion *a priori* (c'est la clé de voûte : avoir identifié enjeux, intérêts et alternatives) par la réflexion pendant l'action (écouter, observer) et par la réflexion *a posteriori*. Cette dernière démarche permet d'assimiler les leçons de l'expérience de sorte à être en mesure de faire face à l'imprévu.

Sur l'autoroute, coincé sur sa file entre la berne centrale et ce poids lourd qui lance des gerbes d'eau, qui regarde devant lui et fait de même dans la courbure d'un virage lors du dépassement ? L'automobiliste novice ou l'expérimenté ?

Le négociateur expérimenté sait que figer son attention sur l'obstacle est le meilleur moyen de s'y précipiter.

Il vient un moment où le naturel laisse agir ce qui est en nous pour nous inscrire dans les courants et prendre la vague. Dès lors, le négociateur peut percevoir la relation comme un va-et-vient dans lequel ni lui ni l'autre n'est le centre, ni la cause, ni le héros, ni le traître.

© Éditions d'Organisation

Regard sur votre expérience

Il s'agit de repasser le film, d'apprendre autant de l'échec que de la réussite.

Identifiez une situation difficile dans laquelle vous avez eu à défendre vos intérêts et qui illustre une des clés proposées dans ce chapitre.

. . . .

. . . .

. . . .

Évoquez une situation vécue dans laquelle vous avez eu du mal à défendre vos intérêts. Quelle(s) clé(s), présentée(s) dans ce chapitre, vous suggère(nt) une nouvelle approche de cette situation ?

. . . .

. . . .

. . . .

Passez en revue d'autres clés que celles présentées dans ce livre et qu'il vous est arrivé d'utiliser.

. . . .

. . . .

. . . .

Évaluez leur efficacité.

. . . .

. . . .

. . . .

Quelles autres clés, encore, imaginez-vous pouvoir utiliser ?

. . . .

. . . .

Chapitre VII

À vous de jouer !

Revoyons chaque récit à la lumière de l'attitude « ortho ». Après avoir clairement identifié les émotions suscitées par une situation difficile, la perception que nous avons de notre interlocuteur, le malentendu qui peut découler de l'entretien, décryptons, recherchons les pistes de travail qui tiendront compte en premier lieu des émotions en jeu et des besoins qu'ils traduisent. Ces émotions sont-elles appropriées à la situation ? Ne vont-elles pas l'aggraver ? Toutes sortes de questions qu'il nous faudra examiner sans faillir. Le chapitre V, consacré aux émotions et aux besoins, trouvera ici de nouvelles illustrations.

Recherchons le comportement « ortho » qui corrigera la trajectoire devenue dangereuse pour le résultat de la négociation. Le recadrage est exprimé, pour chaque récit, dans des versions qui empruntent les trois registres (réflexion, émotion, action).

Nous indiquerons, en plus de ceux présentés précédemment (sortir de l'escalade de la violence, éviter l'enlisement des situations, etc.), des exemples de solution pour chaque récit.

Le négociateur ne doit pas hésiter à s'affranchir des discours et comportements sur mesure. Il sait s'adapter à toutes les situations.

Une fois de plus, il devra apprendre à se méfier de ses réactions instinctives : rien ne doit lui être plus étranger que la loi du talion.

Récit n° 1

Le visage est large, la barbe courte, la voix est grave et il en joue. Ce sont des gargarismes qui lui tiennent lieu d'inflexions pendant qu'il penche la tête très en avant en ajoutant un argument qui devrait conclure une démonstration définitive.

Mon vécu

J'ai le souffle coupé.

Ma perception de l'autre

Quelle impudence ! Pour qui il se prend !

Malentendu

Je lui rentre dedans, il va voir.

Décryptage

L'interaction devient notre souci principal. Nous ne pouvons plus nous concentrer sur l'objet de la négociation. Il nous semble que nous n'existons pas pour notre interlocuteur. En plein mimétisme (chapitre II), nous allons nous employer, rageur, à discréditer tout ce qu'il dit, fait ou est, dans une critique muette (puisque parler ne vaut pas la peine). Ce faisant, nous annulons au contraire définitivement toute chance d'interaction. Notre adversaire nous tient par la jambe et il nous est impossible de quitter l'arène, comme en plein cauchemar. Il va donc pouvoir continuer à occuper le terrain tout seul et faire les questions comme les réponses. C'est l'impasse.

Pistes pour l'action

Identifiez votre colère et demandez-vous comment rétablir les limites acceptables.

L'expression d'une grosse colère peut être utile pour signaler que « ça ne va plus ».

- Plutôt que de vous opposer directement à la force, vous pouvez lui retirer son point d'appui. Comment ? Par une question ouverte (*cf.* chapitre VI page 113) : « Comment faire en sorte que… », « Que voulez-vous dire, quand vous évoquez… ».

- La façade d'une maison n'appartient pas à son propriétaire. Elle appartient à celui qui la regarde.

- Ce que vous percevez correspond-il à l'intention de l'autre ? N'y a-t-il pas dans cette scène un stimulus conditionné, survivance d'une situation antérieure qui s'est mal passée, qui vous a programmé pour une réaction qui n'est peut-être plus adaptée au traitement de la situation d'aujourd'hui ?

- Si l'autre joue avec votre naïveté, vos défauts et votre faiblesse, rappelez-vous que vous êtes là pour défendre vos intérêts et qu'il n'est pas votre professeur.

Recadrages

- « Aidez-moi à vous croire, je suis un grand sceptique. »

- « Je me souviens qu'il y a peu (précisez l'endroit et le moment), vous disiez le contraire, qu'est-ce qui s'est produit, entre-temps ? »

- « Les phénomènes ont fini par dépasser la vitesse du sens. Vous êtes du même avis que Baudrillard ! »

Récit n° 2

Il sourit. Largement, longuement, imperturbablement. Au début, ça met à l'aise. Sa mise est soignée, recherchée, tout a l'air de répondre à une intention précise, calculée. Vais-je être à la hauteur ? Pas seulement à propos de l'objet de notre négociation, mais de son déroulement ?

Mon vécu

Je suis confus, je n'ai aucun intérêt pour lui.

Ma perception de l'autre

Il est tellement satisfait de lui qu'il ne peut aimer que ce qui lui ressemble ou ce qui peut l'honorer. De quel droit la satisfaction narcissique du pouvoir l'autorise-t-elle à se croire meilleur que les autres ?

Le malentendu

Difficile de contrer quelqu'un qui sourit et affecte de ne vouloir que le bien. La gratitude est le meilleur moyen d'arriver à ses fins, d'extorquer ce que l'on n'aurait pu consentir autrement. Je ne compte absolument pas sur son échiquier.

Décryptage

Le repli sur soi témoigne de l'indifférence aux codes sociaux qui constituent le cadre de toute bonne négociation. Aucune chance de se faire entendre, aucune raison d'ailleurs : l'interlocuteur entend accaparer l'attention et l'intérêt. Puisqu'il ne veut pas de nous, la blessure narcissique qui en résulte peut nous conduire à vouloir capter son attention à un prix qui ne correspond ni à notre véritable estime pour lui ni à la nécessité objective de la situation. C'est notre manière de communier avec le pouvoir attribué à l'interlocuteur (voir chapitre V, page 76, « les besoins »).

Pistes pour l'action

Identifiez votre tristesse. De quelle frustration est-elle le signal ? Votre interlocuteur a-t-il « vraiment » le monopole de la reconnaissance, votre valeur tient-elle seulement à celle que vous concéderait votre adversaire ?

Mais y a-t-il du mérite à négocier avec ceux qui vous sont déjà acquis ?

- Ne pas parler, c'est ne pas dévoiler ses enjeux.

- « Parler revient à cesser de se taire, si on a quelque chose à dire. », abbé Dinosart[1].

- P. Feyereisen[2], à la suite d'autres chercheurs en neuropsychologie de la communication orale et gestuelle, remarque que « le sourire humain ressemble à l'expression d'autres primates, dans laquelle la rétraction des lèvres découvre les dents et qui, chez le macaque notamment, est surtout adressée par un individu subordonné à un dominant [...] ». N'y a-t-il pas lieu, en l'occurrence, d'interpréter différemment cet air supérieur ? Son masque souriant tranche avec la raideur de son attitude. Ne doit-on pas y discerner des signes d'inquiétude ? Le lecteur se rapportera au chapitre II, page 32 : « Il est impossible de ne pas communiquer », en particulier, lorsqu'il y discordance dans les expressions corporelles.

Recadrages

- « Je n'ai pas la chance de partager votre sérénité. Pouvez-vous m'y aider ? »

- « Je parie qu'à ma place vous n'auriez pas le sourire. Comment feriez-vous ? »

- « J'apprécie votre aisance, même à ma place vous seriez capable d'avoir le sourire ! »

---

1. *L'Art de se taire*, abbé Dinosart, Éditions Jérôme Billon.
2. *Le Cerveau et la communication*, PUF, 1994.

Récit n° 3

Il a l'air de s'amuser. En toute simplicité, malgré son statut, il rit, le regard complice. Il se réajuste, passe la main dans ses cheveux, qu'il porte longs. On croirait un spot publicitaire.

Mon vécu

Je me sens insulté.

Ma perception de l'autre

Quel grossier personnage !

Le malentendu

Jouer au chat et à la souris.

« Il a son objectif à atteindre, eh bien, moi, j'ai le mien. »

Décryptage

Nous sommes dans une relation primitive de rivalité et de mimétisme : si l'objet de ma convoitise est menacé, je résiste, le désir devient plus vif, et il en va de même pour mon interlocuteur. Lui et moi devenons des imitateurs l'un de l'autre. Ce processus d'indifférenciation génère l'escalade de la violence verbale. Nous débouchons rapidement dans un jeu à somme nulle : si tu gagnes, je perds. Nous nous sommes engouffrés dans un tunnel mental qui nous conduit tout droit vers la loi du talion : œil pour œil, dent pour dent.

Peu à peu, la concorde se convertit en discorde, les rapports se dégradent sans que personne ne s'en sente responsable. Nous nous imaginons toujours plus pacifistes que nous ne le sommes.

Pistes pour l'action

Identifiez votre colère qui vous indique que votre besoin de réaction est à vif. Comment le satisfaire de manière appropriée à la situation ? Dire le « fond de sa pensée », est-ce bien utile ?

- Écran de fumée (chapitre VI page 114) : « Il se peut que ma réaction ait été abrupte. ».

- Le paroxysme de la tension peut être propice au retournement de situation.

- Affirmer que l'on « dit la vérité » ne sert à rien.

- Le terme de la négociation est un leurre si nous nous le représentons comme un état stable et irréversible, atteint par un rapport de force inégal. La signature d'un accord n'assure qu'un équilibre instable. Les relations de pouvoir sont en perpétuel changement.

- Comptez davantage sur le moment et la puissance de votre parole que sur son contenu.

Recadrages

- « J'apprécie de traiter avec quelqu'un qui prend son rôle au sérieux. Pouvez-vous me préciser ce qui en particulier a pu vous offenser ? »

- « Dommage qu'on n'ait pas sur ce sujet le même type d'humour ! Nous risquons sous peu de nous disputer comme des chiffonniers. Vous trouvez aussi que ce serait regrettable ? »

- « Si vous voyez une autre manière de traiter notre différend, dites-le rapidement : nous sommes sur une pente glissante ! »

Récit n° 4

Mon interlocuteur est installé dans son siège, le tronc raide, la tête rivée aux épaules ; ses yeux, grossis par les verres de ses lunettes, semblent guetter inlassablement l'arrivée de quelqu'un. Le débit est lent, presque mesuré, le ton las et cependant posé. Il rend des comptes qui ne regardent personne. « Je suis tout à fait serein, absolument serein… »

Mon vécu

Je me sens attendri.

Ma perception de l'autre

Rien que du théâtre et des rodomontades !

Le malentendu

Un personnage aussi composé et cadenassé : on aurait peur de sa fragilité, on n'ose pas le contrarier.

Décryptage

Nous n'avons aucune prise pour établir une relation et cela provoque un détachement qui peut prendre différentes formes :

- se déresponsabiliser de la faillite de l'interaction : « Mais je ne vous ai jamais dit ça ! » ;
- se replier sur soi en adoptant une posture de bouderie, de culpabilisation (« c'est ma faute, j'aurais dû... »), ou de suffisance ;
- se muer en « psy » (« vous ne croyez pas que vous devriez peut-être... ») ;
- se réfugier dans un excès de tact (« Ils n'ont sûrement pas voulu dire ça... »), ou faire l'histrion (« Ça me fait penser à l'histoire de ce type... ») pour sauver à tout prix l'interaction du naufrage.

Le détachement de l'interaction revient à désinvestir l'énergie nécessaire à la défense de ses intérêts. Parler de la négociation, c'est parvenir à un échange.

Pistes pour l'action

Identifiez le malaise que vous ressentez et gardez-vous de vouloir donner suite à des besoins de protection ou d'ordre (vous risquez de nourrir un jeu psychologique) :

- attendez, au repos, que l'adversaire se fatigue ou finisse par faire montre de réelle assurance ;

- la situation, parfois, doit mûrir ;

- pratiquez l'écoute active : « Est-ce que je me trompe si je comprends que vous… » ;

- c'est lui qui donne le ton de l'entretien, mais vous pouvez vous dire : « Non, merci, j'ai le mien. » La gravité appartient à votre interlocuteur, cela n'engage que lui et ne vous oblige pas au même registre. Vous êtes libre d'aborder la teneur de votre différend dans la tonalité que vous choisissez.

Recadrages

- « Je ne vois pas comment vous dire ce que je ressens. Je suis impressionné. Pourtant je suis sûr, comme vous sans doute, de l'importance de ce que nous avons à résoudre ensemble. Voulez-vous me laisser parler, jusqu'au bout, sans m'interrompre et ensuite je serai très curieux de vous entendre réagir ? Je sais que vous tiendrez compte de mon point de vue. »

- « Devinez ce que j'ai envie de vous dire ? »

- « Il y a quelque chose qui m'empêche de vous répondre du tac au tac. Je suppose que vous comprenez ? »

Récit n° 5

Le contact s'est établi avant même que ne se posent les rituelles questions d'usage. Nous pouvons entrer dans le vif du sujet, en toute confiance, et même en complète harmonie. Du sérieux, de l'humour, des mots simples et justes. Nous sommes bien d'accord sur ce que nous attendons l'un de l'autre.

Mon vécu

Je m'ennuie.

Ma perception de l'autre

Ce type est un tonneau vide !

Le malentendu

J'ai tout essayé, ça ne sert à rien.

Décryptage

Toute notre attention est accaparée par les efforts que nous fournissons pour dissimuler notre ennui ou du moins en disculper l'autre. Et de redoubler d'exclamations convenues, de hochements de tête, de bâillements étouffés, d'ébrouements qui raviveraient un intérêt passablement émoussé et rompraient avec notre engourdissement.

Le tout dans un simulacre de relation qui empêche l'entretien de prendre un tour différent ou une impulsion nouvelle. Et l'autre, encouragé dans sa voie, poursuit. « Un homme ennuyeux est un homme incapable de s'ennuyer. » (Cioran).

Pistes pour l'action

Vous avez honte de jouer la comédie en face de quelqu'un qui croit qu'il a réussi à capter votre attention. Sachez identifier cette honte. Il faut bien reconnaître que l'ennui a souvent quelque chose d'inavouable : s'ennuyer ce n'est pas moderne, c'est réservé aux inactifs, à ceux qui ne savent pas ce qu'ils veulent, ceux que personne n'attend, ceux qui ne savent pas « communiquer », ceux qui n'ont pas la maturité pour s'accommoder à la vie en société, ceux, enfin, qui ne savent pas influer sur le cours des choses…

- L'ennui, comme l'enfer, c'est l'autre. Mais si l'ennui nous plonge souvent dans des considérations existentielles, il peut aussi porter conseil. Ne peut-on trouver dans l'amertume et l'abandon les conditions idéales pour nous inciter à nous réinventer ? Pensez à la fécondité de l'ennui.

- L'humour : « Pendant ce temps-là, il y en a qui croient qu'on se dispute comme des chiffonniers ! ».

« Ma foi, si je n'avais pas été là, je me serais bien ennuyé ! », (A. Dumas).

Recadrages

- « Je ne m'attendais pas à une telle entrée en matière, sympathique et tonique. Après, j'ai perdu le fil. Vous pourriez me le redire autrement ? »
- « Vérifions si j'ai bien compris. Arrêtez-moi quand je me trompe. »
- « Je résume ce que j'ai compris, vous poursuivrez ensuite. Je suis persuadé que vous êtes impatient de connaître mon point de vue, vous y réagirez, je n'en doute pas. »

Récit n° 6

La barbe est hirsute, et le style soixante-huitard. Croirait-on que le titre de ce haut fonctionnaire est prestigieux ? Le ton est familier, presque intime. Cet ancien copain de fac n'a pas changé malgré le vaste bureau lambrissé et l'importance de ses charges et responsabilités. Le téléphone sonne sans arrêt. Communications révérencieuses mais fermes, dont il me rend complice par des grimaces d'étudiant, au cours desquelles je saisis des noms de ministres et de capitaines d'industrie.

Mon vécu

Je me sens menacé et même nié.

Ma perception de l'autre

Quel vaniteux !

Le malentendu

Tous les mêmes, dès qu'ils font une belle carrière, il faut qu'ils…

Décryptage

Tout se passe comme si le fait d'avoir entretenu une relation familière avec notre interlocuteur, en d'autres temps et d'autres contextes, nous ouvrait des droits. On n'envisage pas que celle-ci doit être reconstruite sur de nouvelles fondations. Qui plus est, ramener l'autre à ce qui nous unissait « avant » revient à nier le mérite et l'importance de son changement et, dans ce cas, de son ascension.

Pistes pour l'action

Identifiez votre humiliation. Il est urgent d'effacer cette impression pénible. Connivence, plaisir d'un contact spontané, reconnaissance, tout cela n'existe plus. Vous voilà piégé par votre naïveté. La rancune et l'envie d'en découdre sont près de prendre le pas sur la négociation. Il s'agit de rétablir l'équilibre et de laver l'infantilisation insultante. Mais une rodomontade ne s'avérerait-elle pas complètement inappropriée ? Vous seriez, par vos excès, devenu incapable de vous adapter à la situation. Votre interlocuteur n'aurait plus qu'à se saisir de cette perche pour vous apprendre, avec ironie, que vous n'entendez rien au milieu dans lequel il évolue : « C'est normal, il est spécial, laisse-moi faire ! »

- Et si cet épisode était un rappel de vaccin ? Il est rare que l'on nous attende comme un messie et que l'on boive nos paroles. Il est important de redéfinir ce que nous voulons et ce que nous ne voulons pas. Quelles sont nos limites ? Comment les signaler à l'autre ?

- Ce n'est pas la connaissance de l'autre qui est primordiale, mais bien l'effet que son comportement peut produire sur nous. La psychologie de notre interlocuteur est somme toute assez secondaire. C'est notre manière de réagir qui est essentielle.

- Il y a des procédures convenues, autorisées aussi longtemps qu'elles restent implicites. Elles respectent l'estime que votre partenaire a pour lui-même et la situation de négociation.

Recadrages

• « Brillant ! Je crains d'être peu utile à ton projet. Mais peut-être qu'il y a des éléments qui m'échappent ? »

• « Redis un peu, en bref, ce que tu attends de moi, dans ce projet ? »

• « Quel feu d'artifices, mon vieux ! Laisse-moi deviner, tu m'as appelé pour faire le pétard, l'extincteur ou la claque ? »

Récit n° 7

Pour toute culture, elle a celle de son entreprise. Elle dit bonjour avec un commentaire météorologique, la tête détournée de son interlocuteur à qui, pourtant, elle tend la main, au bout d'un bras tendu, inflexible. C'est tout juste si l'on ne doit pas quémander la poignée de main.

Mon vécu

Je me sens bien seul.

Ma perception de l'autre

Elle est inhumaine !

Le malentendu

Comment voulez-vous, avec ces gens, arriver à quoi que ce soit ?

Décryptage

Nous n'avons plus prise sur la situation. Tout est déstructuré et imprévu. Les plans que nous avions préparés en vue de cette négociation sont devenus caducs. Passivité, agressivité ou manipulation émotionnelle sont les seules réactions dont on se sent capable.

Pistes pour l'action

Identifiez la panique engendrée par cette désorientation complète.

La tolérance à l'ambiguïté (chapitre III, page 57) s'avère ici la bien-
venue.

- L'humilité, la sérénité et la capacité d'adaptation révèlent une
  identité forte. Le négociateur doit apprendre à traiter les
  informations de manière à les insérer dans un contexte particulier,
  à utiliser les exigences de son adversaire comme un code d'accès
  à son objectif, et non les considérer comme une offense. L'ego
  doit être immunisé contre les attaques personnelles, mais cela ne
  signifie nullement qu'il est faible !

- Refuser la menace (voir chapitre VI, page 109) : « Je n'accepte ni
  vos procès d'intention, ni vos menaces ».

- Existe-t-il quelqu'un qui puisse indéfiniment garder cette
  impassibilité, cette insensibilité ? Cherchez la faille ! Elle vous
  permettra peut-être d'échanger sur un point qui vous est commun,
  même si ce n'est pas celui que vous escomptiez. Mais un point
  commun, en négociation, c'est précieux.

- Peut-être craint-elle de dévoiler une faiblesse en adoptant une
  autre attitude ?

- Et si elle vous poussait dans vos derniers retranchements, avant
  que ce ne soit vous qui le fassiez ?

Recadrages

- « Où pensez-vous que nous pourrons trouver un accord ? »

- « Je ne me sens pas de taille avec vous. Nous devrions pourtant
  finir par trouver un accord. Vous n'êtes pas du genre à vous laisser
  faire. Pour m'ajuster à vos exigences, racontez-moi ce qu'est,
  pour vous, une négociation réussie. »

- « Il faut être en forme le jour où l'on négocie avec vous ! Et
  surtout ne pas être susceptible ! Beaucoup de qualités, en
  définitive ! C'est la sélection naturelle chez vous : seuls les forts
  survivent ! »

© Éditions d'Organisation

Récit n° 8

On se trouve un peu gêné de découvrir en son adversaire une personnalité sympathique. D'autant plus gêné que l'on ne peut s'empêcher de juger légitimes les intérêts qu'il défend.

Mon vécu

Je me sens honteux.

Ma perception de l'autre

Il a de la chance, lui…

Le malentendu

J'abandonne…

Décryptage

Nous avons désinvesti notre mandat, nous nous sentons mal à l'aise dans l'identité professionnelle que nous devons représenter. Les positions de notre interlocuteur nous paraissent plus légitimes que celles que nous avons à défendre. Nous voudrions désavouer notre camp et souhaiterions en changer. La négociation n'a plus lieu d'être.

Pistes pour l'action

Identifiez cette rage vaine et sans objet. Dans un instant, vous aurez trouvé un bouc émissaire sur lequel vous allez vous acharner.

- Il faut peut-être envisager de suspendre la séance et renégocier avec ses mandataires.
- Les contraintes de notre mandat nous rappellent que le négociateur doit considérer toute situation avec recul.

- « J'ai honte de moi devant autrui », (J.-P. Sartre). J'ai honte de me considérer comme un objet, devant l'autre qui, lui, a la chance d'être un sujet. « Ne plus avoir honte de soi-même […] est le sceau de la liberté conquise. », (Nietzsche).

- La loi de la variété requise de R. W. Ashby[1]. Le « pilote », ici le négociateur, a besoin de pouvoir reconsidérer ses objectifs, parfois en cours de négociation avec ceux qui le mandatent, de manière à disposer d'une marge de manœuvre suffisante pour les représenter. Le trop grand contrôle du mandataire peut se heurter à la « barrière de la variété ». Un effet fréquent de ce phénomène est l'inversion du contrôle : le négociateur (qui est souvent le vendeur) critique le groupe dont il devait défendre les intérêts.

Recadrages

- « Je ne m'imagine pas présenter votre position à mes patrons. Elle est contraire à la leur et identique à la mienne. C'est embêtant pour tout le monde. »

- « Je suis tout à fait d'accord avec vous. L'ennui, c'est qu'il m'est impossible de retourner chez mes patrons et de défendre ce point de vue. Ce n'est peut-être pas votre rôle, mais vous n'auriez pas un conseil ? »

- « Arrêtez, je suis convaincu ! Notre accord total est peut-être aussi embêtant qu'un désaccord total. Dites-moi, maintenant : qu'est-ce que je fais avec mes patrons ? »

Récit n° 9

Il a les manières d'un présentateur de journal télévisé.
Tout a l'air d'être écrit d'avance, selon un découpage précis, minuté. Des titres accrocheurs inaugurent chaque sujet ; suivent des expressions consacrées, un vocabulaire spécialisé, ponctué, lorsqu'il s'agit d'un

1. in *L'Analyse modulaire des systèmes*, J. Mélèse, les Éditions d'Organisation, 1991.

anglicisme, par un froncement de sourcil, suivi d'un bref silence et d'un regard appuyé.

Mon vécu

Je retiens ma colère.

Ma perception de l'autre

Quel effronté !

Le malentendu

Je l'ai assez écouté, maintenant, il est mon débiteur.

Décryptage[1]

Cette personne trouve sa grandeur dans des codes de comportement qui appartiennent à un monde dans lequel l'opinion de l'autre est indispensable. Ces codes ne sont pas universels. Le négociateur averti sait identifier les règles qui dictent la conduite de son vis-à-vis. Il analyse les points communs et les divergences entre les mondes de référence de chacun. Cela contribue à la compréhension du conflit.

Ironie et moqueries, aimons-nous parfois penser, devraient ramener l'impudent à la raison. Nous pourrions également nous en aller et nous résoudre à un courrier vertueux, assis sur notre bon droit.

Pistes pour l'action

Identifiez le ressentiment et la mortification qui risquent de vous amener à demander des comptes, selon des exigences qui appartiennent à votre monde de référence. Vos besoins de réaction et de défense trouveront une meilleure solution dans la recherche d'un compromis.

---

1. Voir à ce sujet « Les influences socioculturelles », chapitre II, page 25.

© Éditions d'Organisation

Celui-ci se trouvera dans un lien commun qui n'appartient en propre à aucun des univers en présence. Mais attention : cet accord qui vous rassemble est un accord de circonstance. Il ne doit pas chercher à avoir valeur d'exemple, encore moins à faire jurisprudence.

La résistance à un accord résulte souvent de deux préjugés sévères, tenaces et stériles : un accord doit être nécessairement universel ou bien il résulte d'une compromission.

- Demandez une suspension de séance.

- Inventoriez les options de compromis d'un monde à l'autre (chapitre II, page 27).

- Recentrez-vous sur vos objectifs.

- Exprimez fermement et clairement votre perception de la négociation et exprimez vos appréhensions (chapitre VI, page 111) sur son issue incertaine, dans les conditions actuelles. Il s'agit prioritairement de négocier la négociation elle-même.

- En cas d'échec, une bonne colère (qui vise un comportement inacceptable) peut dénouer la situation et donner un nouveau départ à l'échange.

- Faites en sorte de ne pas être atteint par la menace, en l'ignorant ou en faisant mine de ne pas comprendre.

- Installez la confusion (chapitre VI, page 109), par exemple en disant, très sérieusement : « Non, je ne peux accepter un arrangement aussi avantageux, nous n'avons pas intérêt à piper les dés, ceux qui vous mandatent auront tôt fait de vous remplacer par quelqu'un qui nous fera payer cher de vous avoir abusé. Je vous remercie de votre générosité, je préfère que nous cherchions ensemble un accord équilibré. »

Recadrages

- « Me sentir complètement sous votre dépendance, pourquoi pas quand nous nous connaîtrons mieux. Je pourrai vous faire confiance. »

- « Je n'ai pas l'habitude de traiter les affaires comme ça. Une occasion d'apprendre ne se présente pas tous les jours. Vous avez déjà fait le tour de la question, tant mieux. Vous allez plus vite que moi. Pouvez-vous m'aider à vous rattraper ? »

- « OK, ne discutons pas. Donnez-moi des raisons de penser que je m'en tire bien. »

Récit n° 10

Elle a rangé la diplomatie, la sympathie et le charme dans les investissements à fonds perdus. La domination, débarrassée des oripeaux de la courtoisie, c'est sa manière de fonctionner.

Mon vécu

Je me sens fatigué avant même d'avoir commencé l'entretien.

Ma perception de l'autre

Elle est dénuée d'émotions !

Le malentendu

C'est un vrai remède contre la courtoisie !

Décryptage

Pour nous imposer, bomber le torse et rouler des mécaniques sera notre première réaction. Ce qui ne pourrait qu'accroître la défiance de l'autre…

À moins que, blessé par l'image négative qu'elle nous renvoie (même par une interlocutrice que vous n'estimez pas !) vous ne mobilisiez votre énergie à vous rassurer sur vous-même. Et vous voilà, désertant la recherche de vos intérêts, en train d'essayer d'être reconnu, coûte que coûte (voir chapitre V, page 76, « les besoins »).

Pistes pour l'action

Identifiez l'irritation qui pointe et risque d'altérer votre perception de la situation. Vous allez finir par exprimer votre exaspération et sacrifier la négociation.

L'irritation va déboucher sur des travaux inutiles : vouloir changer l'autre. Et si, au contraire, vous composiez avec ce qu'elle est sans que cela nuise à vos intérêts ?

- Si l'on attaque les points forts de l'adversaire, l'on met en lumière par la même occasion ses points.

- La fragilité d'un accord peut être le signe de sa qualité : personne n'est battu, personne ne perd la face.

- Comprendre la psychologie de l'autre, ce peut être découvrir, dans la même personne, plusieurs caractères.

- « L'équilibre n'est pas une vertu, c'est un accident. », nous a appris I. Prigogine.

- Et si vous pointiez du doigt le plaisir pervers qu'elle éprouve à l'avance en pensant aux difficultés que vous pourriez avoir bientôt avec vos mandants ?

Recadrages

- « Avec vous, c'est clair ! Vous ne tournez pas autour du pot ! Vous avez déjà fait école, je vais tenter d'être clair : nous avons mal estimé la durée de votre assistance technique, comment pouvons-nous corriger cette erreur ? »

- « Jamais un directeur des achats ne revient là-dessus. Ma situation est désespérée… »

- « J'apprécie que vous ayez accepté ce rendez-vous. »

Récit n° 11

Pour le directeur de cette entreprise parapublique, les fournisseurs sont suspects, les clients ingrats, les concurrents déloyaux, le personnel incompétent, sa famille incapable de se débrouiller sans lui.
Il ne sourit que d'amertume.

Mon vécu

Je suis indigné.

Ma perception de l'autre

Cet homme est un imbécile !

Le malentendu

C'est injuste !

Décryptage

Nous nous sentons obsédés par un sentiment de révolte. Les règles sont bafouées, l'autre humilié. Nous sommes au cœur d'une situation injuste dont on sait que d'autres sont également victimes. Nous sommes tentés de nous muer en champion, en héros qui veut en découdre avec le tyran et lui administrer une leçon qui serve d'exemple.

Le piège de cette croisade est d'obscurcir les objectifs présents. Ce n'est tout simplement pas le moment : le temps n'est ni au psychologisme, ni au moralisme. Il est à une démarche structurée de préparation de la négociation. Il faut trouver une parade pour esquiver ou désamorcer la relation piégée.

Pistes pour l'action

Identifiez votre découragement et vos appréhensions et cherchez à satisfaire vos besoins de secours et d'évitement de l'infériorité.

143

Vous avez dû être déçu du sort réservé à l'offre qui vous a tant coûté d'autant que des soucis financiers s'annoncent. Vous perdez de vue, provisoirement, des données objectives de la situation parmi lesquelles les caractéristiques de votre client.

- Cette personne a peut-être besoin qu'on lui répète plusieurs fois la même chose ? Il n'est pas utile de la contredire pour autant. Gardez la parole : ignorez les interruptions, les critiques et les sarcasmes (poursuivre et répéter comme un disque rayé). Elle porte, à ses yeux, la responsabilité de la rationalité ; elle ne peut, en conscience, vous laisser faire. Une argumentation dûment circonstanciée et étayée, exempte de fantaisie et d'émotion, la débarrassera de son fardeau. Alors seulement pourra-t-elle commencer à réfléchir avec vous.

- Nous nous comportons parfois comme si le règlement du différend qui nous oppose à l'autre réclamait un changement fondamental et irréversible ainsi qu'un châtiment public pour le fautif. Nous en oublions qu'un accommodement isolé et discret suffirait, parfois, à satisfaire nos intérêts.

- Briser l'obstination de l'autre en se préoccupant de préserver son amour-propre.

Recadrages

- « Je souhaite tirer la leçon de cette mésaventure. Comme vous avez l'air de maîtriser ce genre de situation, pouvez-vous me dire comment il aurait fallu que notre collaboration se déroule ? »

- « Nous n'avons pas de chance d'être tombés l'un sur l'autre. Nous devrions mieux choisir nos partenaires. Il faudra maintenant compter sur un miracle ! »

- « Arrêtons de faire semblant de nous disputer ! Nous n'en avons pas les moyens, ni vous, ni moi. Rappelez-moi quelles sont vos limites. »

Récit n° 12

Son élégance n'était pas si naturelle que ça. Ses paroles et son sourire étaient simples, sa voix douce et son ton calme. Il riait de bon cœur. La conversation coulait agréablement, nourrie par une vaste culture. Il savait agrémenter et illustrer, par des analogies historiques ou littéraires, des propos professionnels qui auraient pu être austères.

Mon vécu

Je me sens mortifié.

Ma perception de l'autre

Il est inaccessible.

Le malentendu

Il est irresponsable.

Décryptage

Incarner ostensiblement l'exception à la règle que l'on a instaurée soi-même coupe du commun des mortels. Les personnes lésées en sont tétanisées…

Blessés, les collaborateurs s'en accommodent dans une plainte muette. Leur impuissance amère n'est pas sans ambiguïté : ils ont tout de même accès au secret désir de ce personnage exceptionnel.

On vit alors le tabou. C'est l'impasse.

Pistes pour l'action

En situation d'incertitude, identifiez votre découragement, le peu de confiance en vous, la vision souvent exagérément dramatique que vous avez des conséquences de vos actions. Vous soumettre à une force supérieure peut combler un besoin de mortification, tout en vous laissant encore le loisir, pour sauver la face, de vous associer à la plainte qui fait partie de la culture de l'entreprise.

Cette attitude a-t-elle de l'avenir ? Quels en sont les effets secondaires ?

Si ce DRH prêtait à son patron l'aphorisme de J.-P. Sartre : « Je mesure la force d'une idée à la résistance qu'elle suscite. », n'aurait-il pas l'envie et l'énergie de se confronter à lui, afin de sortir d'une collaboration en trompe-l'œil ?

Schémas de la confrontation :

- description objective du fonctionnement actuel (« lorsque vous... ») ;

- inconvénients de ce fonctionnement pour l'entreprise et pour chacun des acteurs concernés (« Je ne suis pas en mesure de... », « Nous perdons... ») ;

- préciser le changement de fonctionnement proposé (« Je vous propose de... ») ;

- spécifier les avantages respectifs qui résulteront du changement préconisé (« Cela nous permettra de... ») ;

- négocier un accord.

Recadrages

- « Comment faire pour que les syndicats estiment que vous les prenez au sérieux en m'envoyant, moi, à la table de négociation ? »

- « Imaginez la tête des délégués s'ils devaient s'apercevoir qu'on fait semblant de négocier ! »

- « Vous envoyez négocier votre proche collaborateur. Pensez-vous que je sois suffisamment informé pour asseoir votre crédibilité ? »

Récit n° 13

Le présent l'inquiète, si proche, à la lisière du futur. Et hier n'a rien préparé de bien. Les événements lui semblent survenir, désordonnés, fruits de la négligence morale de « gens » qui ont failli à leur responsabilité.

Mon vécu

Me voilà asphyxié !

Ma perception de l'autre

Quelle mauvaise foi !

Le malentendu

N'allons-nous pas nous noyer ensemble ?

Décryptage

La mauvaise foi patente de notre vis-à-vis a de quoi honorer vos propres vertus. Quelle belle occasion pour vous ! Vous auriez bientôt envie de l'encourager puisque son attitude vous grandit. À moins que, révolté ou écœuré par tant d'injustice et emprisonné par votre rigueur morale, vous ne succombiez au découragement…

Pistes pour l'action

Identifier le dégoût qui vous remplit, l'indigestion de ces conduites inassimilables. Vous avez le mal de mer et êtes à la recherche de points de repère stables. Il n'y a aucune raison d'accepter *La Nausée*[1], l'absence de raison de l'existence. Mais vous n'y sombrez pas et des besoins de réaction, de défense, d'ordre et d'autonomie vous mettent sous tension.

© Éditions d'Organisation

---

1. Jean-Paul Sartre, Gallimard.

« Elle ne va quand même pas m'apprendre mon métier ? » Non, bien sûr, mais comment faire pour ne pas se laisser envahir par ce questionnement ?

- Recherchez deux, trois points utiles, dans ce qu'elle dit.

- Peut-être êtes-vous devant une variante classique de « l'écran de fumée » (voir chapitre VI) ? L'agitation accusatrice autour de faits périphériques, destinée à vous attribuer tous les torts, jette la confusion dans votre esprit.

- Cette personne projette sur vous un pouvoir de sanction pour quelques fautes dont elle se sent coupable. Elle joue toute seule avec ses représentations ; celles qu'elle a d'elle-même autant que celles qu'elle a de vous. Ne vous mêlez pas d'une histoire commencée sans vous et qui se poursuivra de même. Vous n'en êtes ni le centre ni la cause.

- La faible tolérance à l'ambiguïté de l'interlocutrice confère de la rigidité à ses attitudes. Tout devrait être clair. (Voir chapitre III, « l'ambiguïté » page 57).

- Ne vous laissez pas distraire de vos enjeux et de vos objectifs ni de vos éventuelles alternatives.

Recadrages

- « Je me sens également mieux quand on travaille dans le respect des règles. Vous me rendrez un grand service en me les rappelant, le cas échéant. »

- « Vous, gardienne des règles, moi, défricheur de terrain… Nous faisons une bonne équipe ! »

- « Arrêtez-moi bien à temps dès que vous soupçonnez que je vais dérailler du code de bonne conduite. »

Récit n° 14

J'ai l'habitude d'obtenir seul tout ce que je veux. Se retrouver dans une situation de dépendance, quelle humiliation !

Ce matin, je dois négocier un contrat. Mon interlocuteur est un besogneux qui prend son rôle très au sérieux. En face de lui, j'adopte une attitude hautaine, mais néanmoins souriante et attentive. Seulement, je suis bien loin de « ...di[re] non avec la tête mais [...] oui avec le cœur... » (Prévert). C'est tout l'inverse.

Mon vécu

Je suis ivre de pouvoir.

Ma perception de l'autre

Quel imbécile !

Le malentendu

La volonté de n'en faire qu'une bouchée !

Décryptage

Considérer que celui qui partage, avec vous, la table de négociation ne devrait pas s'y trouver aiguise aussi bien l'intolérance que la mégalomanie de vos propres desseins. Tant et si bien que l'écart qui vous sépare devient bientôt un cordon sanitaire. Impossible alors de négocier.

Pistes pour l'action

Vous n'avez de cesse de vous assurer que vos objectifs sont distincts de ceux de votre interlocuteur. Il en va de votre identité. Vous voulez réduire à néant toute zone d'incertitude, toute ambiguïté. Vous n'estimez même pas nécessaire d'influencer ou de convaincre votre interlocuteur. C'est vous le meilleur. Mais vous n'êtes pas indifférent, c'est le point faible de votre système. Vous avez besoin de l'autre.

Mais l'autre n'a pas besoin de vous. C'est votre deuxième point faible. S'il est avéré que vous devez en passer par l'autre pour veiller à vos intérêts, vous les compromettez gravement.

- Identifiez votre intoxication au pouvoir sur l'autre. Vous n'êtes plus maître de vous à devoir renouveler, à dose de plus en plus forte, l'excitation procurée par le plaisir d'assurer votre pouvoir sur l'autre. Le mirage de la toute-puissance recule au gré de vos victoires.

- Le paradoxe de Socrate « Nul n'est méchant volontairement. » vous parle peut-être plus : c'est en voulant le bien que l'homme fait le mal.

- Vous estimez nécessaire de vous asseoir à cette table. Quel est le résultat ?

- Quand l'autre aura perdu la face, vos intérêts seront-ils garantis ?

- Comment payer l'estime que vous lui extorquez ?

- La concurrence inégale risque d'exciter, chez l'autre, le désir de briser, par tous les moyens, les règles du jeu les plus élémentaires. Vous serez le coauteur de ce terrorisme.

- Que va susciter le modèle inaccessible que vous représentez ? La violence !

Recadrages

- « J'ai du mal à vraiment écouter le problème des autres. Voulez-vous bien m'aider à comprendre votre point de vue ? Comment pourrions-nous faire ? »

- « Si on ne recommence pas à zéro, c'est foutu ! Comme au lycée, je n'ai pas arrêté de chahuter, dans ma tête. Vous l'avez remarqué, peut-être ? Je vous demande une seconde chance. Je parie que celle-ci sera la bonne ! »

- « Stop ! Ne prenez pas cette peine ! J'essaie de répéter ce que j'ai compris, corrigez-moi et complétez ce qui manque à mon résumé. »

Négocier, malgré tout

« Les hommes d'aujourd'hui ont poussé si loin la maîtrise des forces de la nature qu'avec leur aide, il est devenu facile de s'exterminer mutuellement jusqu'au dernier. Ils le savent bien et c'est ce qui explique une bonne part de leur agitation présente, de leur malheur et de leur angoisse. » Freud prévoyait ce désastre en 1929.[1] Il prévenait, dans ce livre publié en pleine crise économique et alors que *Mein Kampf* avait été publié : « Tant que la vertu ne sera pas récompensée ici bas, l'éthique, j'en suis convaincu, prêchera dans le désert. »

Tout se passe comme si la mondialisation économique s'accompagnait d'une difficulté à vivre ensemble qui s'exprime dans une volonté de repli sur soi et un culte xénophobe des différences. Notre société n'a pas réussi à élargir notre espace mental, et vice versa. L'Autre est suspect.

Vivre ensemble n'est pas facilité par les télécommunications, la proximité virtuelle ne rend pas moins farouche, la défense de nos territoires redevient animale.

Être dans des rapports de force, dépendre l'un de l'autre dans des projets divergents et souvent antagonistes est inévitable.

L'acceptation réfléchie de la réalité rend nécessaire de négocier. Nécessaire veut dire : ce qui ne peut pas ne pas être dans l'espace de la non-violence. Négocier consiste à changer la réalité *avec* l'autre. Bergson l'a dit : « La réalité n'est qu'un cas particulier du possible. »[2]

La négociation est une communication non barbare. Elle est, cependant, une relation de rivalité. Elle opère la médiation entre l'instinct

---

1. *Le Malaise dans la culture*, PUF, 1973.
2. *L'Évolution créatrice*, PUF, 1959.

de vie et l'instinct de mort. De façon partiale, il est vrai, tant elle fait partie « des fonctions qui résistent à la mort ».[1]

L'humour est inscrit en son cœur, *via* le paradoxe de la concession : je me préoccupe et contribue aux intérêts de l'autre dans la mesure où cela est nécessaire à mes propres intérêts.

Psychologue et *coach* professionnel de la négociation, j'ai trouvé l'idée de ce livre dans les *Leçons sur Tchouang-Tseu* enseignées par J.-F. Billeter.[2]

J'espère avoir fait en sorte qu'il soit autre chose qu'un livre de recettes et qu'il ouvre la voie de cet art délicat de vivre le conflit.

---

1. M. F. X. Bichat, « La vie est l'ensemble des fonctions qui résistent à la mort », in *Recherches physiologiques sur la vie et la mort*, 1800.
2. J.-F. Billeter, *Leçons sur Tchouang-Tseu,* Allia, 2002.

Annexe

Les smileys

	A	B	C	D	E	F
1	optimiste	blasé	rêveur	têtu	froissé	envieux
2	curieux	indiscret	indécis	déterminé	confiant	incrédule
3	excédé	inquiet	prudent	épuisé	malicieux	heureux
4	réfléchi	comblé	arrogant	compatissant	seul	endeuillé
5	épuisé	méfiant	inquiet	réprobateur	horrifié	timide
6	malheureux	intéressé	surpris	agressif	négatif	triste
7	déçu	penaud	furieux	souffrant	soulagé	querelleur
8	content de lui	vertueux	outré	indifférent	embarrassé	ivre
9	stupide	naïf	suspicieux	prude	innocent	coupable
10	satisfait	frustré	amoureux	perplexe	jaloux	ravi

Bibliographie

Introduction

WALDER (F.), *Saint-Germain ou la négociation*, Gallimard, 2004.

MANNONI (M.), *La théorie comme fiction*, Éditions du Seuil, 1999.

Chapitre I

PINTER (H.), *No man's land*, Gallimard, 1979.

Chapitre II

BOLTANSKI (L.), THÉVENOT (L.), *De la justification*, Gallimard, 1991.

BOLTANSKI (L.), CHIAPELLO (E.), *Le nouvel esprit du capitalisme,* Gallimard, 1999.

MORIN (E.), *La Méthode, vol. 5, L'humanité de l'humanité : l'identité humaine*, Seuil 2003.

KAHLER (T.), *Insight, to greater personal and professional success, a Kahler Process Model TM,* Trademark of Three-Sixty Pacific, 1982.

STRAUSS (A.), *Miroirs et Masques : une introduction à l'interactionnisme,* Éditions Métailié, 1992.

FREEDMAN (J.), FRASER (F.), "Compliance without pressure : The foot-in-the-door technique", *Journal of Personality and Social Psychology*, vol.4, pp.195-203, 1966.

KIESLER (C.), *The psychology of commitment, experiments linking behavior to belief*, New York, Academic Press 1971.

LEWIN (K.), *Group decision and social change, Readings in social psychology*, New York, Holt 1947.

JOULE (R.-V.), BEAUVOIS (J.-L.)*, La soumission librement consentie,* PUF, 1998.

STAW (B. M.), *The escalation of Commitment to a Course of Action*, Academy of Management Review, vol. 6, pp.577-587, 1981.

MOREL (C.), *Les décisions absurdes : sociologie des erreurs radicales et persistantes,* Gallimard, 2004.

CIALDINI (R.), VINCENT (J.), LEWIS (S.), CATALAN (J.) ET COLL, "Reciprocal Concessions Procedure for Inducing Compliance : The Door-in-the-face Technique"*, Journal of Personality and social Psychology*, vol. 31,1975.

CIALDINI (R.), CACIOPPO (J.), BASSETT (R.) ET MILLER (J.)*,* "Lowball Procedure for Producing Compliance : Commitment then Cost", *Journal of Personality and Social Psychology*, vol. 36, 1978.

BURGER (J.), "Increasing Compliance by Improving the Deal : The That's-not-at-all Technique", *Journal of Personality and social Psychology*, vol. 51, 1986.

GIRARD (R.), *La voix méconnue du réel*, LGF, 2004.

GIRARD (R.), *Celui par qui le scandale arrive*, Desclée De Brouwer, 2001.

SPINOZA (B.), *L'Éthique*, Gallimard, 1994.

ROGIN ANSPACH (M.), *À charge de revanche,* Éditions du Seuil, 2002.

GOFFMAN (E.) , *Le parler frais*, Éditions de Minuit, 1990.

Chapitre III

ABRIC (J.-C.), FAUCHEUX (C.), MOSCOVICI (S.), PLON (M.), « *Rôle de l'image du partenaire sur la coopération en situation de jeu* », *Psychologie française*,12, 4, pp.267-275,1967.

APFELBAUM (E.), *Interdépendance, renforcement social et réactivité*, Thèse de doctorat, Laboratoire de psychologie sociale de la faculté des lettres et sciences humaines, 1969.

DESPRET (V.)*, Ces émotions qui nous fabriquent : ethnopsychologie de l'authenticité,* Les Empêcheurs de penser en rond, 2001.

COMTE-SPONVILLE (A.), *Dictionnaire philosophique*, PUF, 2001.

CIALDINI (R.), *Influence et manipulation*, First éditions, 2004.

PIATTELI PALMIRINI (M.), *L'Art de persuader*, Éditions Odile Jacob, 1999.

DROZDA-SENKOWSKA (E.), (sous la direction de), *Les pièges du raisonnement : comment nous nous trompons en croyant avoir raison,* Retz, 1997.

MAALOUF (A.), *Les identités meurtrières*, LGF, 12001.

BUDNER (S.), *"Intolerance of Ambiguity as a Personality Variable"*, *Journal of Personality*, vol.30, pp.26-50, 1962.

Chapitre IV

BERNE (E.), *Des jeux et des Hommes*, Éditions Stock, 1984.

Chapitre V

DAMAZIO (A. R), *Spinoza avait raison*, Odile Jacob, 2005.

BAUDRILLARD (J.)*, Pour une critique de l'économie du signe,* Gallimard, 1976.

MASLOW (A.), *Vers une psychologie de l'être*, Fayard, 1972.

DE MUNCK (J.), *Nouvelles approches de la raison*, PUF, 1999.

MURRAY (H.), *Exploration de la personnalité*, PUF, 1953.

Chapitre VII

DINOUART (J. A. T.), *L'art de se taire*, Éditions Jérôme Billon, 1996.

FEYEREISEN (P.), Le cerveau et la communication, PUF, 1994.

SARTRE (J.-P.), *L'être et le néant*, Gallimard, 1976.

NIETZSCHE (F.), *Le gai savoir*, Flammarion, 1997.

MÉLÈSE (J.), *L'analyse modulaire des systèmes*, Éditions d'Organisation, 1991.

SARTRE (J.-P.), *La Nausée*, Gallimard, 1978.

Négocier, malgré tout

FREUD (S.), *Le malaise dans la culture*, PUF, 2004.

BERGSON (H.), *L'évolution créatrice*, PUF, 2003.

BILLETER (J.-F.), *Leçons sur Tchouang-Tseu,* Éditions Allia, 2004.

Références générales

BERCOFF (M. A.), *L'art de négocier*, Éditions d'Organisation, 2004.

PRIGOGINE (I.), *La fin des certitudes : temps, chaos et les lois de la nature*, Odile Jacob, 2001.

PRIGOGINE (I.) , *Les lois du chaos,* Flammarion, 1997.

NATHAN (T.), *L'influence qui guérit*, Odile Jacob, 2001.

STENGERS (I.), *Cosmopolitiques, vol. 6, la vie et l'artifice : visages de l'émergence,* La découverte, Les Empêcheurs de penser en rond, 1997.

WATZLAWICK (P.), WEAKLAND (J.), FISCH (R.), *Changements : paradoxes et psychothérapie*, Éditions du Seuil, 1981.

BATESON (G.), *Vers une écologie de l'esprit*, Éditions du Seuil, 1995.

GOFFMAN (E.), *Façons de parler*, Éditions de Minuit, 1987.

GOFFMAN (E.), *Les rites d'interaction*, Éditions de Minuit, 1974.

BONTE (P), IZARD (M), *Dictionnaire de l'ethnologie et de l'anthropologie,* PUF, 2004.

KAHNEMAN (D.), SMITH (V.L.), Site université Paris IV Sorbonne, *articles sur le champ de recherche des lauréats du Prix Nobel d'Économie 2002, L'économie expérimentale.*